ICONOLOGIE,

OU

TRAITÉ DES ALLÉGORIES, EMBLÊMES.

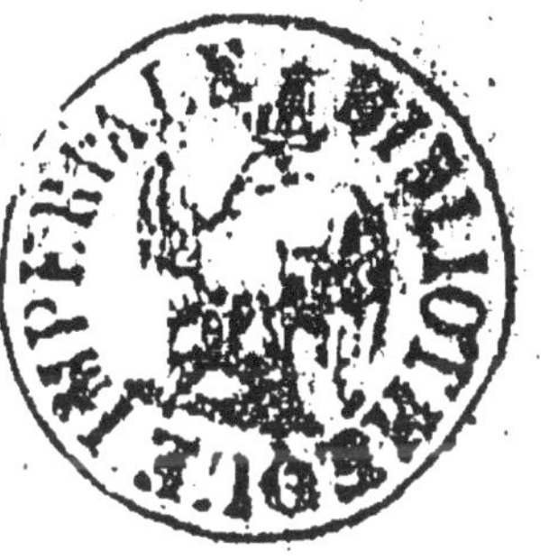

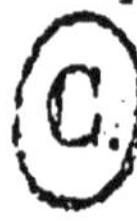

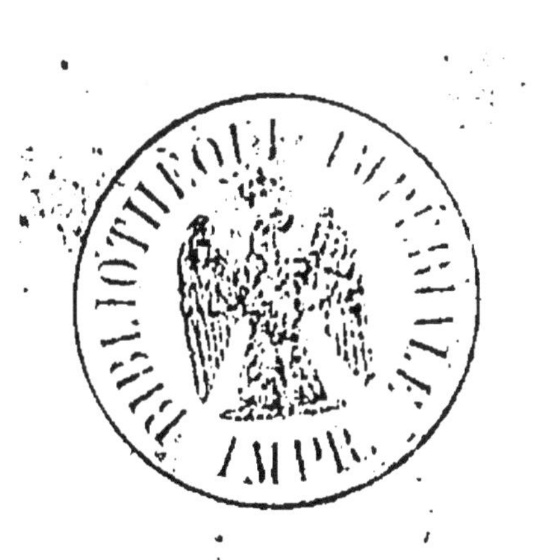

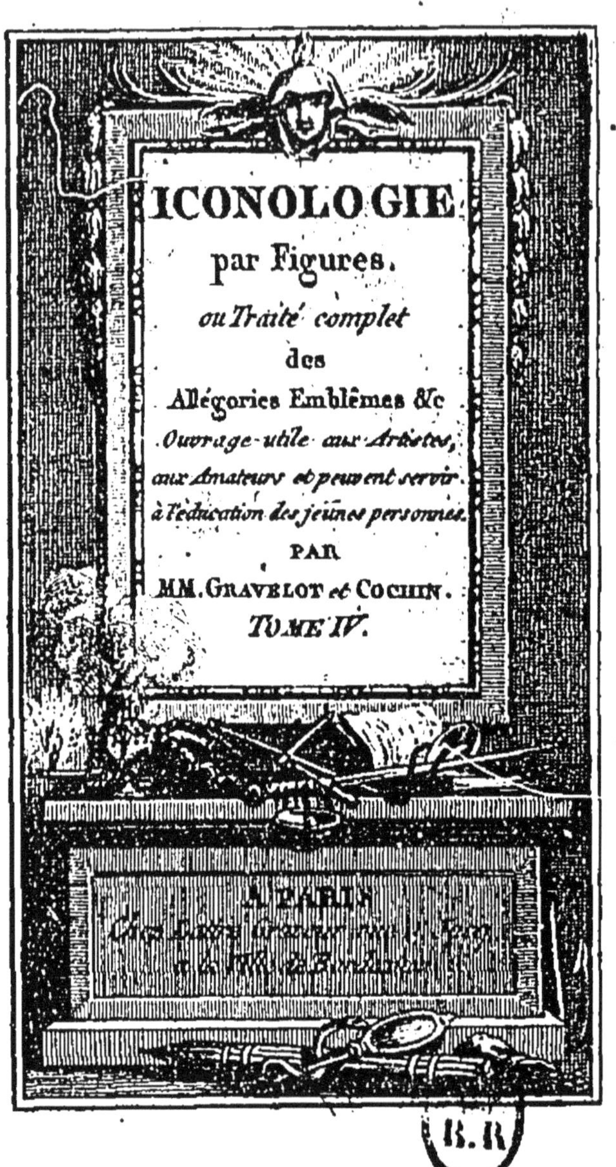
ICONOLOGIE
par Figures.
ou Traité complet
des
Allégories Emblêmes &c
Ouvrage utile aux Artistes,
aux Amateurs et peuvent servir
à l'éducation des jeunes personnes.
PAR
MM. GRAVELOT et COCHIN.
TOME IV.
A PARIS

B.R

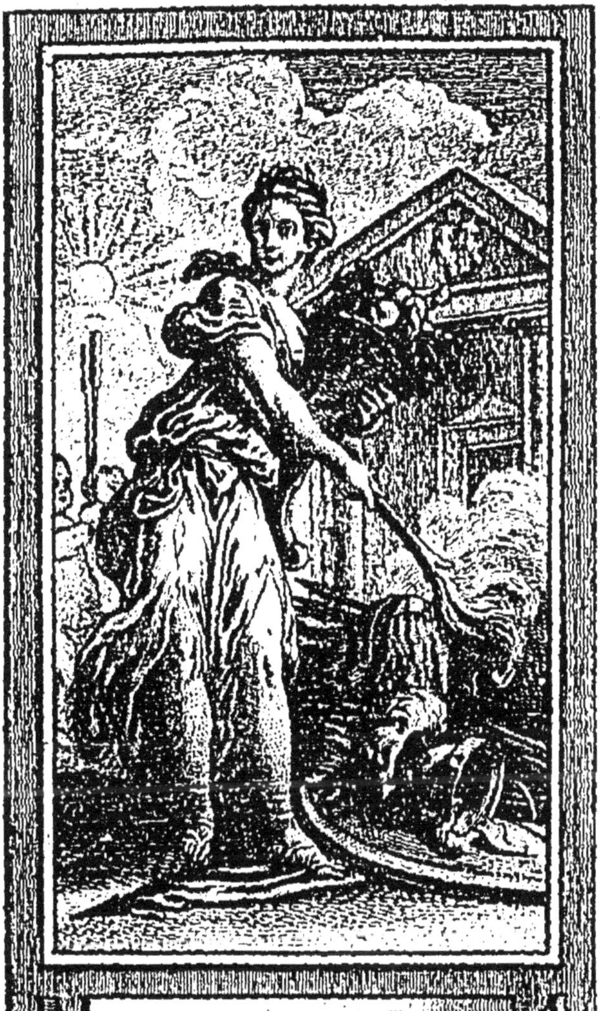

PAIX

H. Gravelot inv. *De Longueil Sculp.*

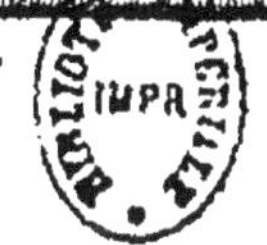
BIBLIOTHÈQUE IMPÉRIALE

PAIX.

Fille de Jupiter & de Thémis, la *Paix* se reconnoît à son symbole favori, la branche d'olivier qui lui ceint la tête. Son action de mettre le feu à un trophée d'armes, & la corne d'Amalthée qui, dans ses mains, signifie le retour de l'abondance & de la félicité publique, achève de caractériser la *Paix*. Des fusées, des soleils & autres pièces d'artifices que tiennent des enfans expriment la joie qu'inspire le retour de la *Paix*. C'étoit alors qu'on fermoit à Rome le temple de Janus, qu'on apperçoit dans le fond du tableau.

Sur plusieurs médailles antiques, on donne pour attributs à la *Paix*, une palme, un caducée, quelquefois même on l'a représentée tenant une hache, armée d'une lance, ou appuyée sur la massue d'Hercule; mais ces divers emblêmes, imaginés pour des circonstances locales, ne doivent être employés qu'avec beaucoup de circonſpection, parce qu'ils ont le défaut d'être obſcurs ou équivoques.

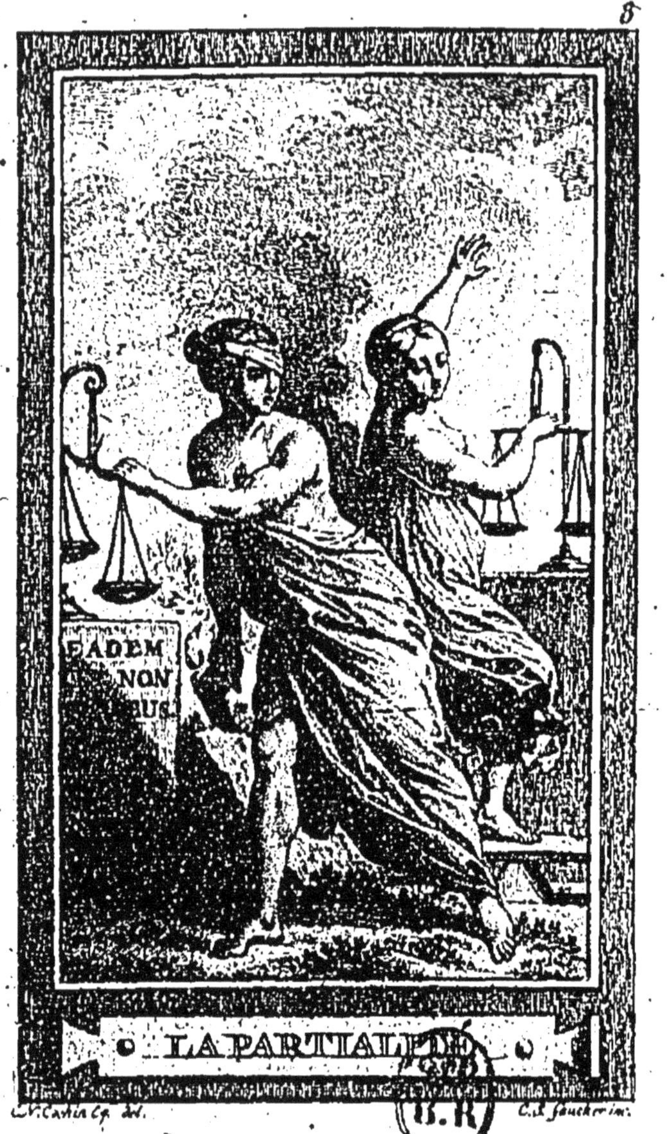

LA PARTIALITÉ

B.R

PARTIALITÉ.

Quoiqu'on fasse très-rarement usage de cette figure, on n'a pas cru devoir l'omettre ; mais comme les emblêmes employés par les iconologistes sont, la plupart inintelligibles, on a jugé à propos d'y substituer ceux-ci. La *Partialité*, sous les traits d'une femme laide, l'air sombre, le regard faux, portant un bandeau qui lui cache un œil ; de la main droite elle écarte un flambeau, dont la lumière pourroit l'éclairer, & de la gauche fait pencher une balance vuide, pour lui ôter son équilibre.

IMPARTIALITÉ.

On peut représenter l'*Impartialité* sous l'emblême d'une jeune femme, dont le visage annonce la candeur & la sincérité ; d'une main elle tient en équilibre le fléau d'une balance, & de l'autre semble attester le ciel de l'intégrité de ſes actions. L'*Impartialité* poſe le pied ſur une planche placée ſur un cône, afin de la maintenir en équilibre. Voyez l'article *Équité*, en obſervant cependant que ce mot ne doit point être pris dans la même acception.

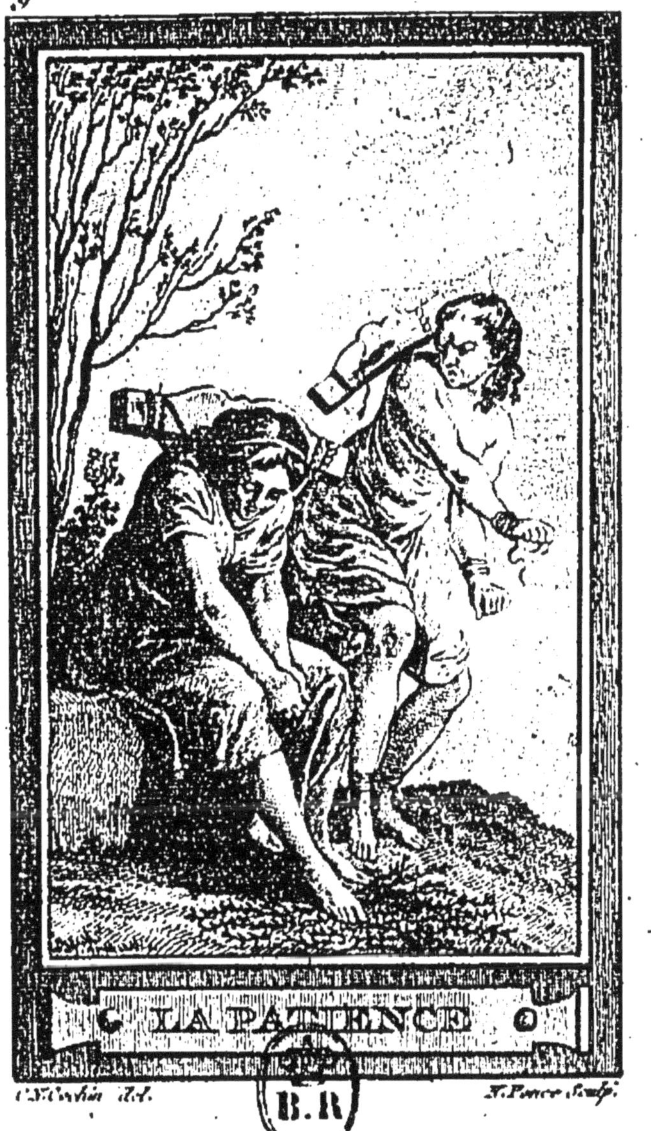

C.N.Cochin del. N. Ponce Sculp.

B.R

PATIENCE.

VERTU qui consiste à supporter, sans murmure, les peines de l'esprit, ou les souffrances qu'on ne peut éviter. Quoique la *Patience* exige une sorte de courage, elle en diffère essentiellement ; celui-ci doit être considéré comme un effort sublime, mais momentané, qui fait braver la douleur, le péril & la mort : »le courage, dit Voltaire, est moins » une vertu qu'une qualité heureuse, com» mune aux scélérats & aux grands hommes «. La *Patience* est peinte sous la figure d'une jeune femme, dont les traits expriment la douceur & la souffrance ; assise sur une pierre, elle porte un joug sur les épaules, & ses pieds nuds sont posés sur des épines.

On donne aussi le nom de Patience à l'application constante avec laquelle on exécute ce que l'on a entrepris. Voyez à ce sujet les articles *Assiduité*, *Persévérance*.

RÉSIGNATION.

On peut repréſenter la *Réſignation* ſous l'emblême hiſtorique de Job ſur le fumier, le corps couvert de plaies, avec cette inſcription à ſes pieds : *Deus dedit, Deus abſtulit, &c.*

IMPATIENCE.

Révolte des ſens contre le joug de la raiſon ou de la néceſſité. On repréſente l'*Impatience* par une jeune femme qui fait ſes efforts pour briſer ſes fers, & parvient à rompre les liens dans leſquels ſes pieds & ſes mains étoient contenus.

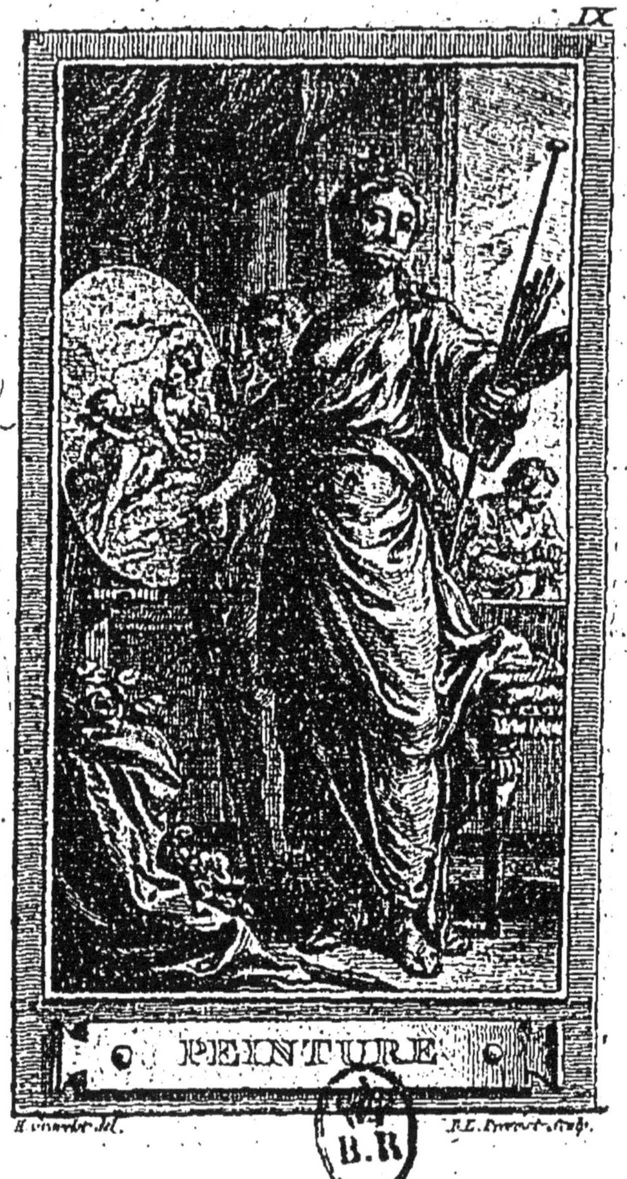

B.R

PEINTURE.

L'ART d'imiter la nature par le moyen des couleurs, & de parler aux yeux une langue connue de tous les peuples du monde. La *Peinture* est représentée sous la figure d'une belle femme ayant un bandeau sur la bouche, pour exprimer que la *Peinture* est une poésie muette. On la couronne de fleurs, qui par la diversité de leurs nuances, semblent indiquer les moyens qu'elle employe. La palette, les pinceaux, le chevalet, sont ses attributs naturels. Le beau doit toujours être l'objet de ses études, c'est pourquoi l'on a cru devoir choisir la déesse des graces pour le sujet de son tableau. A côté paroît un amateur qui, par son attitude, exprime l'admiration pour les chef-d'œuvres de la *Peinture*, dont le méchanisme est indiqué en partie par un jeune homme qui broye des couleurs.

10

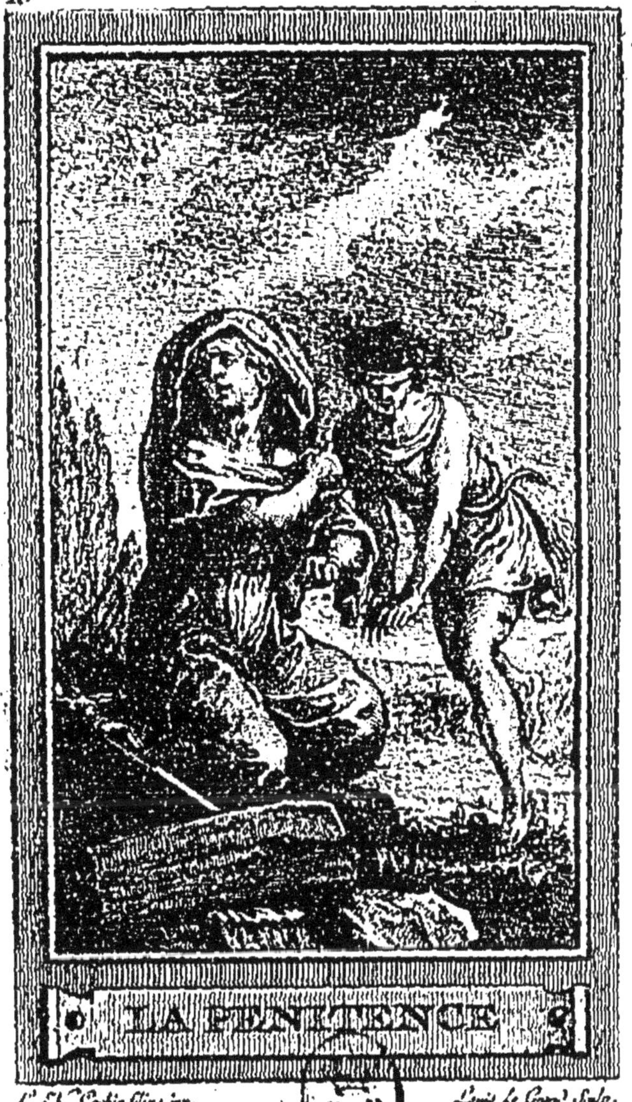

LA PENITENCE

C. Et. Cochin filius inv. Louis le Grand Sculp.

B.R

PÉNITENCE.

Expiation, ſuivie du repentir des fautes qu'on a commiſes. La *Pénitence* eſt repréſentée par une femme âgée, à genoux devant une croix, pâle, exténuée, les yeux en pleurs tournés vers le ciel, le corps couvert d'un cilice, & déchirant ſes vêtemens, ſymbole des vanités mondaines. Auprès d'elle eſt une diſcipline, & à ſes pieds coule une ſource d'eau vive; alluſion à ce verſet du pſeaume: *Amplius lava me ab iniquitate mea.* Ce ſeroit faire injure au lecteur que de donner l'explication de ces divers attributs.

PÉCHÉ.

Offence commiſe envers le ciel & la religion. On peint le *Péché* ſous la figure d'un jeune homme, dont les traits ſont difformes; il a ſur les yeux le bandeau de l'erreur, & il eſt nud pour marquer l'impudence de ſa conduite.

Le ſerpent qui l'enveloppe & le ver qui lui ronge le cœur, ſont les ſymboles des remords. Le *Péché* court ſur le bord d'un précipice, parmi des épines couvertes de fleurs, pour indiquer les piéges dont les paſſions couvrent les dangers, & les maux qu'elles traînent à leur ſuite.

II

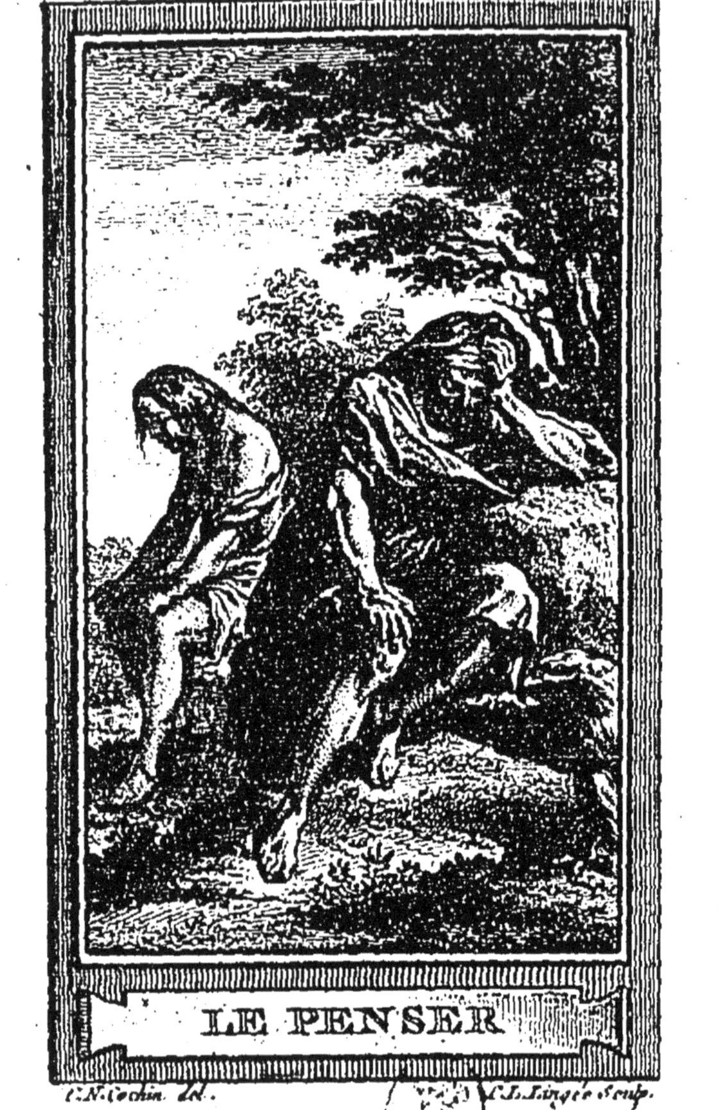

C.N. Cochin del. C.L. Lingée Sculp.

PENSER.

Non cette faculté de l'ame qu'on nomme la *Pensée*, mais l'action de réfléchir. On l'a représenté par un homme âgé, la tête appuyée sur sa main, & dans l'action de méditer profondément; sur ses genoux est un écheveau de fil très-mêlé : allusion au désordre des pensées que la réflexion démêle & classe par ordre. L'aigle qu'on voit sur le devant du tableau est une métaphore qui sert à peindre l'élévation & la sublimité du vol de la pensée.

IMBÉCILITÉ.

Vice involontaire qui approche de la démence. On le peint sous la figure d'une femme assise, la tête penchée, les yeux fixes, les cheveux en désordre, les mains appuyées sur les genoux, immobile, presque nue, & annonçant l'extérieur le plus stupide. Les attributs qui peuvent convenir à cette figure, ſont des huîtres & autres coquillages qui n'ont presqu'aucun ſentiment.

On peut conſulter les articles *Stupidité*, *Démence*, *Sottiſe*.

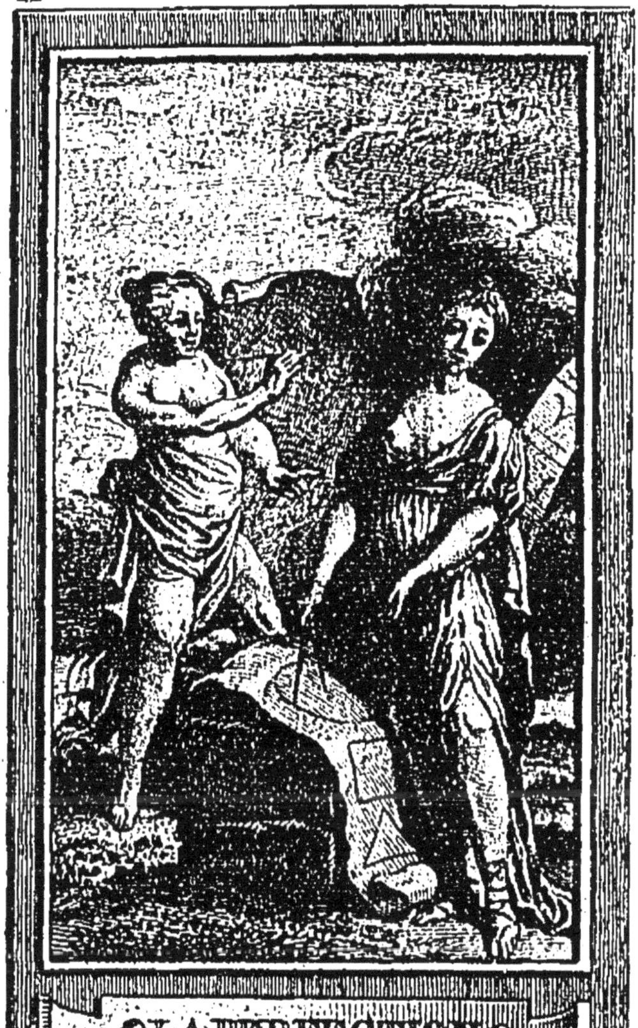

LA PERFECTION

C. N. Cochin del. S. S. Le Veau Sculp.

PERFECTION.

Les iconologistes représentent la *Perfection* sous l'emblême d'une belle femme, dont les traits sont nobles & réguliers, pour faire connoître que la beauté consiste dans la *Perfection*. Elle tient un compas & trace un cercle, la plus parfaite des figures géométriques ; derrière la *Perfection* est le zodiaque, symbole de la révolution ou de l'accomplissement de l'année.

IMPERFECTION.

Comme l'imagination nous donne l'idée de la perfection par une femme accomplie, de même l'*Imperfection* doit être peinte sous les traits d'une femme difforme, dont toutes les proportions n'ont aucun rapport entre elles ; un grand œil & un petit, un sein trop gros & l'autre trop maigre ; un bras rond, l'autre menu ; ainsi du reste. On peut ajouter à l'*Imperfection*, de lui faire tracer un cercle qu'elle forme irrégulièrement, & autres figures de ce genre.

DIFFORMITÉ.

CETTE figure pourrait être peinte à-peu-près comme la précédente, en ajoutant de la représenter contrefaite, rachitique, borgne ou boiteuse.

LAIDEUR.

ON peut représenter la *Laideur* par une femme maigre, les yeux petits, la bouche grande, le front chauve, la gorge pendante, les mains sèches, les pieds larges, &c. On ne doit point omettre de lui donner l'air triste & chagrin.

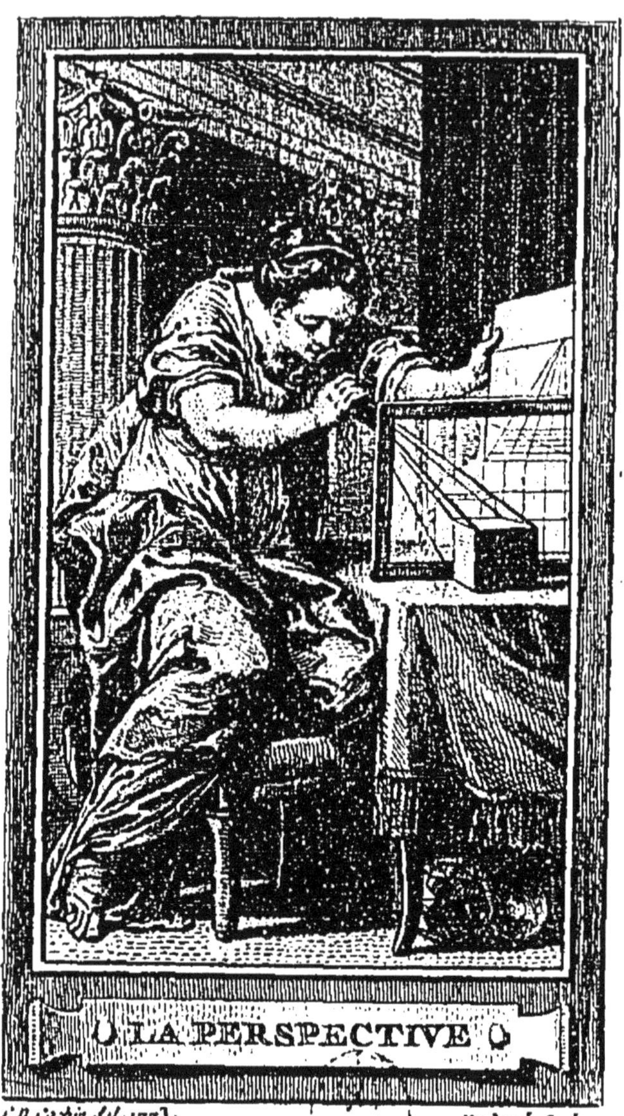

C.N. Cochin del. 1773. *Malard Sculp.*

PERSPECTIVE.

Science qui fait partie des mathématiques, de la géométrie, & qui a un rapport direct avec l'optique ; elle enseigne a représenter les objets visibles tels qu'ils se peignent dans notre œil, en les observant à une distance & une hauteur donnée. On représente la *Perspective* sous la figure d'une femme occupée à considérer la section des rayons visuels, supposés partir d'un cube & traverser un corps diaphane, perpendiculaire à l'horison, & placé entre la figure & l'objet.

PERSPECTIVE AÉRIENNE.

On entend par *Perspective aérienne* celle qui a pour objet la dégradation de la lumière & des couleurs. Cette science a plus de rapport avec la physique qu'avec la géométrie, & les principes n'en sont point aussi certains que ceux de la perspective linéaire. On pourroit peindre la *Perspective aérienne* sous les traits d'une jeune femme recevant les rayons du soleil à travers un prisme, & les décomposant sur des corps qui les absorbent plus ou moins, en raison de leur couleur locale & de leur distance. Le fond du tableau représentera l'arc-en-ciel & des montagnes à l'horison, dont l'éloignement ne les fait appercevoir que sous une teinte approchant de celle du ciel, avec lequel elles paroissent se confondre.

PHILOSOPHIE.

1

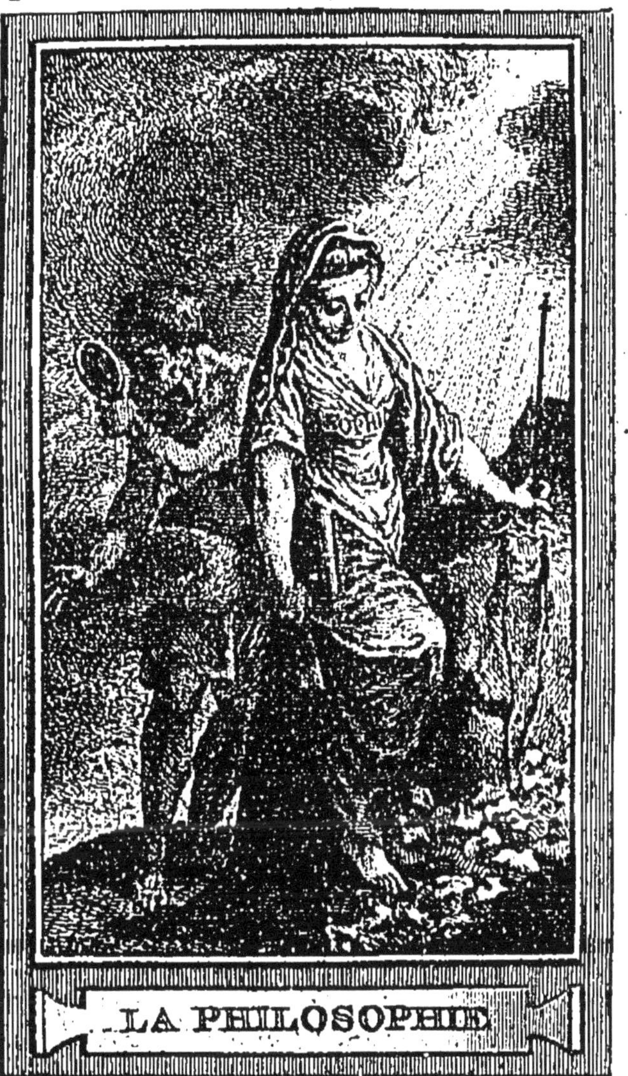

LA PHILOSOPHIE

PHILOSOPHIE.

AMOUR de la ſageſſe, déſigné par ſon nom, écrit ſur ſa poitrine, *Sophia;* courage de l'ame qui s'élève au-deſſus des revers. La *Philoſophie* conſiſte encore dans l'étude de la nature & de la morale fondée ſur la raiſon. On la repréſente ſous la figure d'une femme dont les traits nobles, majeſtueux & le maintien grave, annoncent l'eſſence & les occupations; d'une main elle tient un livre, & de l'autre un ſceptre, ſymbole de ſon pouvoir, avec le mords de la raiſon qui eſt un de ſes attributs. La *Philoſophie* gravit une montagne eſcarpée, remplie d'épines & de cailloux, pour indiquer la difficulté des études qu'elle embraſſe; telles ſont principalement la phyſique, la métaphyſique, la morale & la logique.

PRÉJUGÉ.

ON repréſente le *Préjugé* ſous l'emblême

d'un homme âgé, environné de nuages, regardant à travers un verre irrégulier & color qui change la forme, la situation & la couleur des objets.

PRÉVENTION.

Opinion d'autrui reçue sans examen ni réflexion. La *Prévention* étant l'effet de l'ignorance & de l'obstination, on la représente par une vieille femme ayant un bandeau sur les yeux & se bouchant les oreilles.

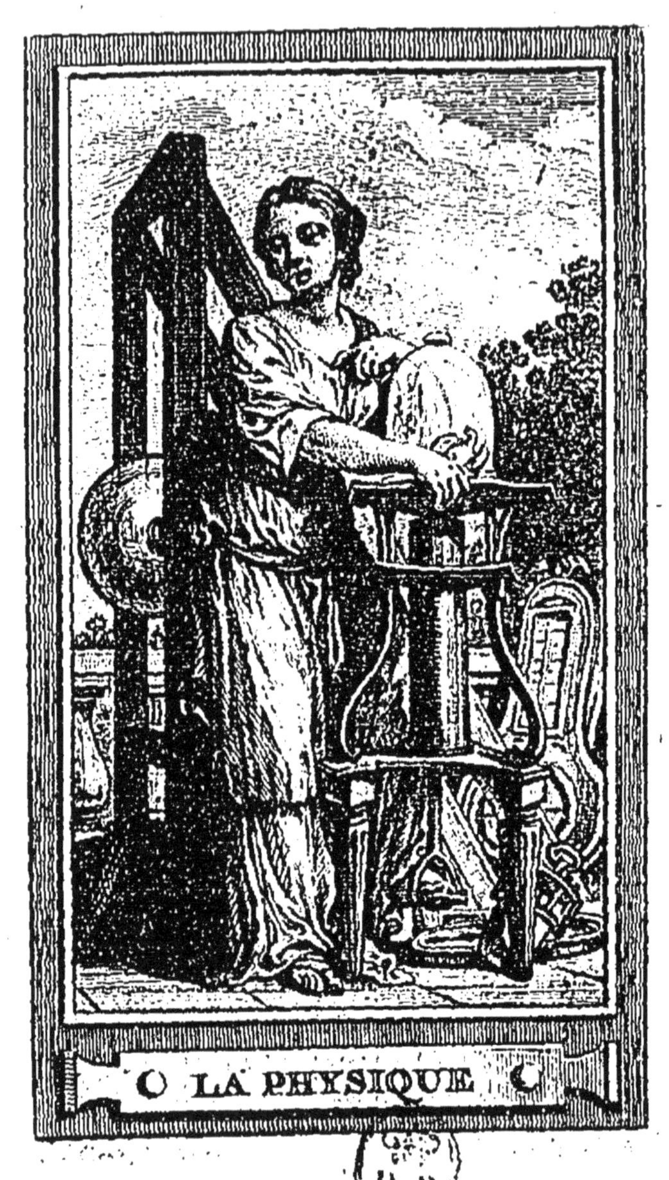

LA PHYSIQUE

B.R

PHYSIQUE.

SCIENCE qui explique les phénomènes de la nature, les propriétés des corps, fait connoître leurs forces, leurs effets, enseigne les loix de la gravitation, de la pesanteur, du mouvement, &c. On représente la *Physique* sous la figure d'une femme occupée des expériences de la machine pneumatique; autour d'elle sont plusieurs instrumens à l'usage de la *Physique*, tels que la boussole, le baromètre, la machine électrique, & celle de Papin. Faute d'instrumens, la *Physique* étoit très-bornée chez les anciens; depuis un demi-siècle elle a fait des progrès étonnans, & de nos jours on a vu paroître les paratonerres & les aérostats. Si cette dernière invention n'a point encore d'utilité reconnue, elle n'en est pas moins surprenante. On pourroit, dans le fond du tableau de la *Physique*, représenter un vaste aérostat, auquel seroit suspendu la galerie contenant des voyageurs, qu'on verroit s'élever dans les airs.

2

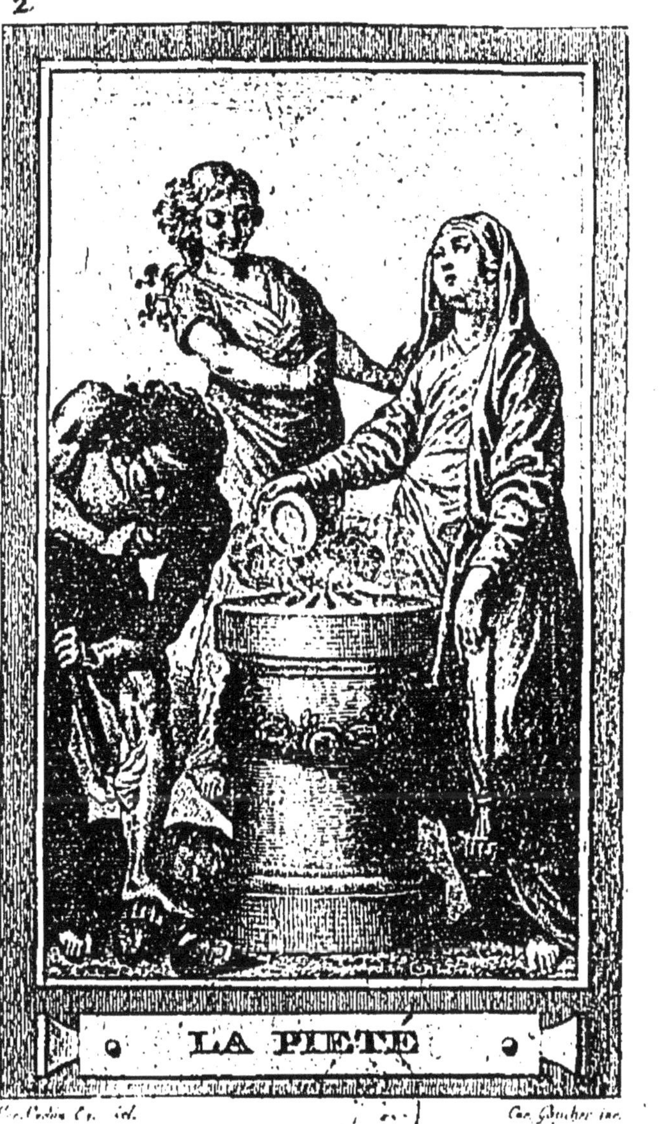

LA PIETÉ

Ch. Cochin [illegible] del. Ch. Gaucher inc.

PIÉTE.

L'ANTIQUITÉ comprenoit également sous le nom de *Piété* le dévouement religieux envers les dieux, le respect filial, & cette affection tendre envers les hommes qui nous porte à leur faire du bien. Parmi les nombreux attributs que les anciens ont donné à la *Piété*, on a choisi celui d'une jeune fille pleine de candeur, levant les yeux au ciel, versant d'une patère, qu'elle tient de la main droite, de l'encens dans le feu qui brûle sur un autel, & tenant de la main gauche un encensoir.

PIÉTÉ FILIALE.

Le plus doux, le plus respectable des devoirs de la nature, la *Piété filiale* est représentée sous la figure d'une jeune fille, pressant de la main droite sa mamelle gauche : allusion au trait connu de la fille de Cimon, qui conserva les jours de son père en le nourrissant de son lait. L'attribut distinctif de la *Piété filiale* est la cigogne, parce que cet oiseau nourrit, dit-on, son père & sa mère pendant leur vieillesse.

IMPIÉTÉ.

Les iconologistes peignent l'*Impiété* sous l'emblème d'une femme qui brûle un pélican; mais on a préféré une allégorie plus claire & plus sensible. Une jeune femme, au regard impudent, debout sur un autel renversé, & montrant avec dérision la Piété qui brûle de l'encens sur un autel, désigne mieux le caractère de l'*Impiété*.

SACRILÉGE.

Profanation des choses saintes. On représente le *Sacrilége* par un homme furieux, les yeux égarés, les cheveux hérissés, armé d'un flambeau, détruisant & foulant aux pieds des autels, des statues brisées, & autres objets consacrés au culte des dieux.

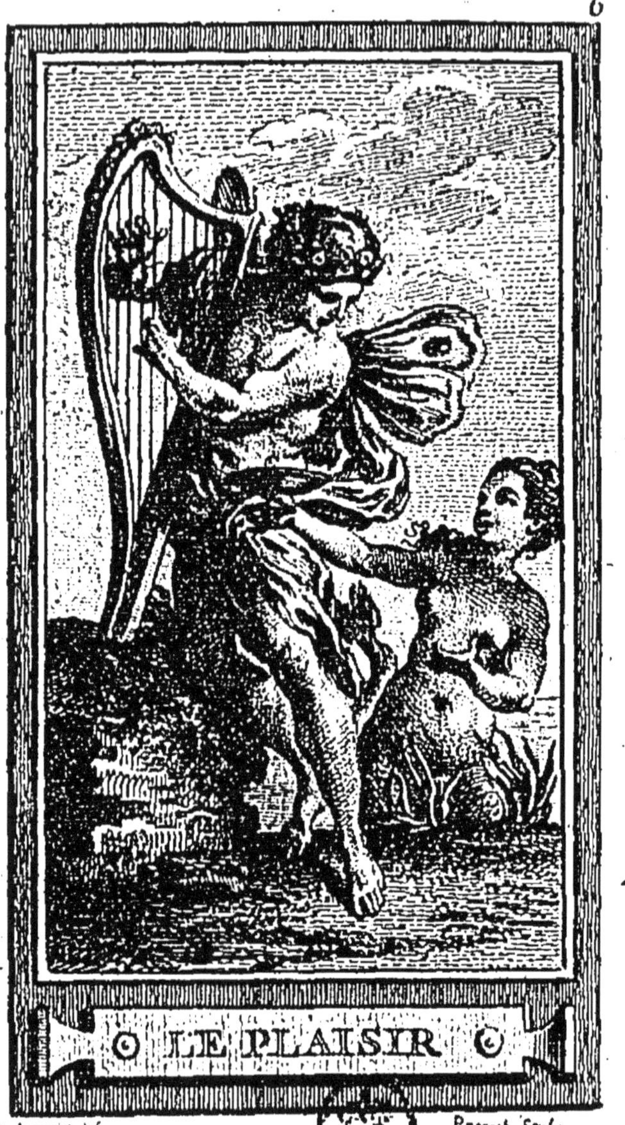
LE PLAISIR

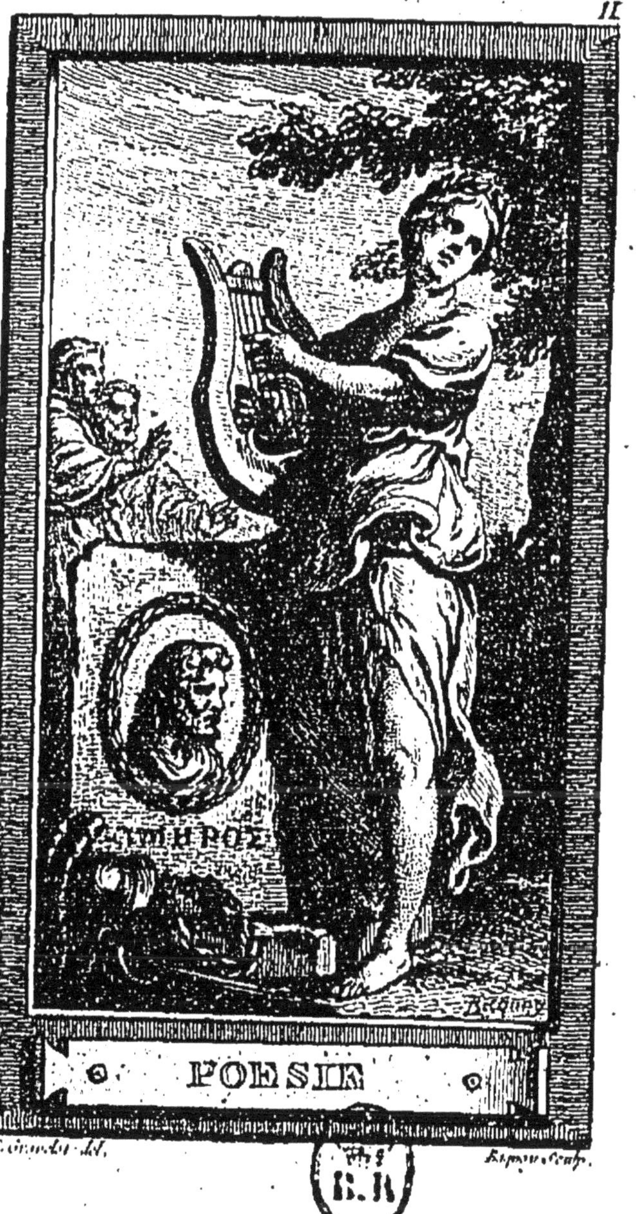

B.R

POÉSIE.

Les anciens ont nommé la *Poésie*, le langage des dieux, soit parce qu'elle étoit spécialement consacrée à leur culte, soit à cause que les oracles s'exprimoient en vers. On représente la *Poésie* sous l'emblême d'une jeune muse, unissant sa voix au son de sa lyre, & paroissant animée de cet enthousiasme qu'inspire le génie. La lyre est posée sur une pierre, où l'on a placé le médaillon d'*Homère*, au bas duquel sont les attributs des héros dont la *Poésie* célèbre la gloire, & avec lesquels elle partage le laurier dont elle est elle-même couronnée. Plusieurs figures, qui paroissent écouter avec ravissement les accens harmonieux de la *Poésie*, indiquent l'admiration des hommes pour cet art sublime.

11

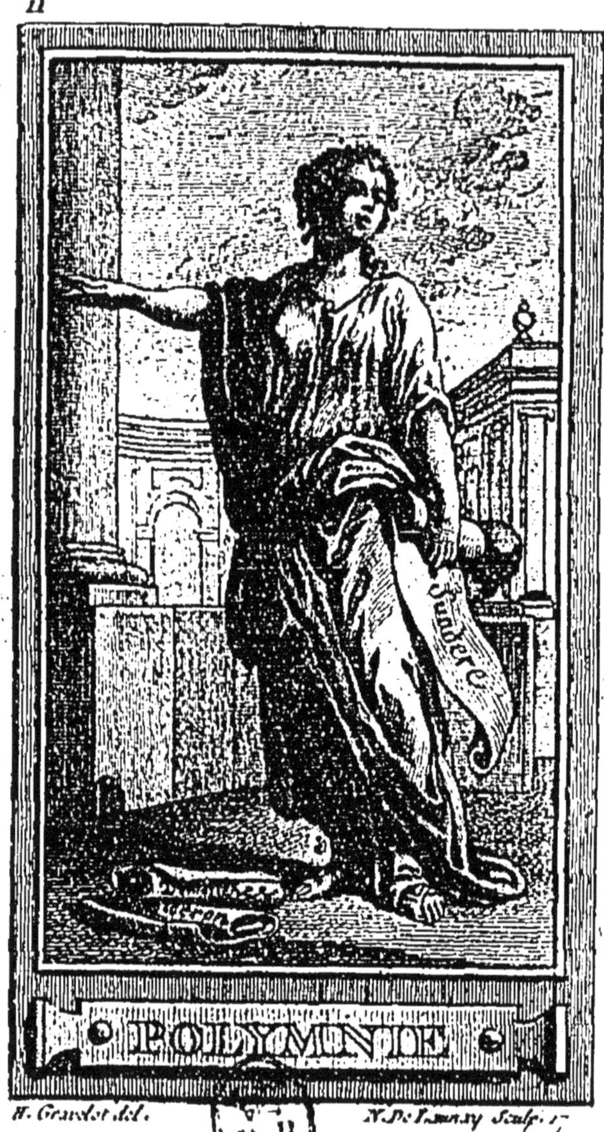

H. Gravelot del. N. De Launay Sculp. 17

B.R

POLYMNIE.

La muse de la réthorique, *Polymnie*, est représentée couronnée de perles, vêtue de blanc, la main droite dans l'action de haranguer, & tenant de la gauche un rouleau où est écrit le mot *suadere*, (persuader). Les noms de Cicéron & de Démosthènes, les deux plus célèbres orateurs de l'antiquité, sont écrits sur des rouleaux auprès de *Polymnie*.

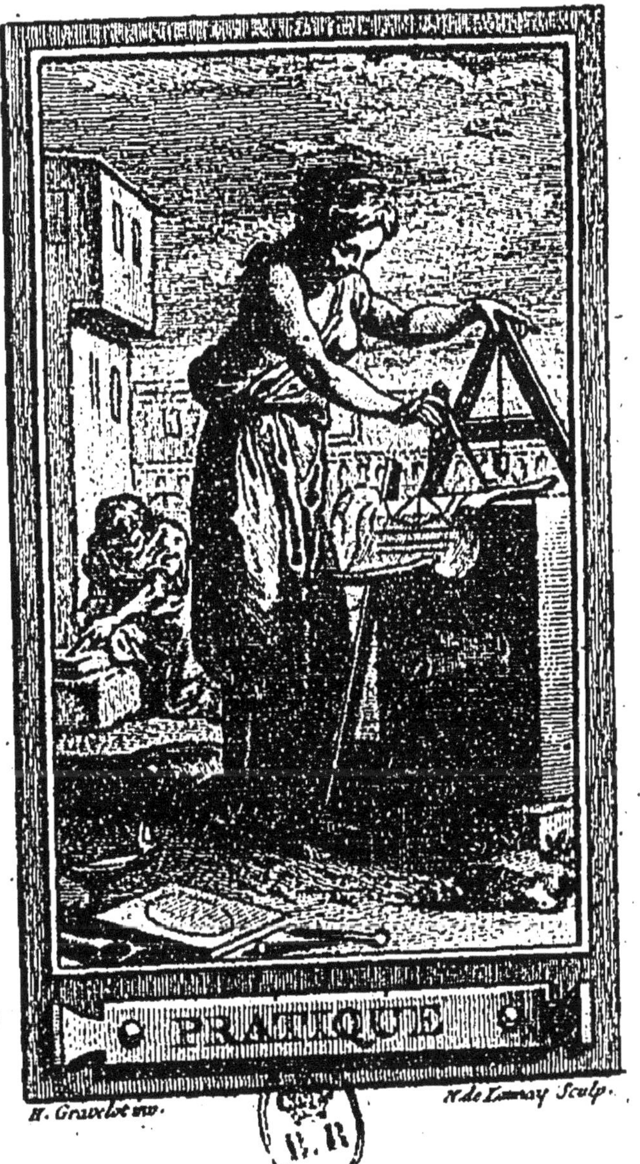
PRATIQUE
H. Gravelot inv.
N. de Launay Sculp.

PRATIQUE.

La Théorie conçoit, la *Pratique* opère, mais l'une & l'autre doivent se prêter des secours mutuels; la première n'employe que la réflexion, la main & l'instrument sont nécessaires à la seconde; c'est ce que désignent l'équerre & le compas que tient la figure qui représente la *Pratique*. L'œil qu'on voit dans une main placée sur la pierre qui lui tient lieu de table, sert à exprimer la recherche que demande une exécution soignée. La tortue & la lampe sont les symboles de l'assiduité & du travail qu'exige la *Pratique*, & le cercle tracé sur une table, est celui de la perfection où elle doit tendre. On pourroit représenter la *Pratique* sous les traits d'une vieille femme, parce qu'elle doit être éclairée par l'expérience.

9

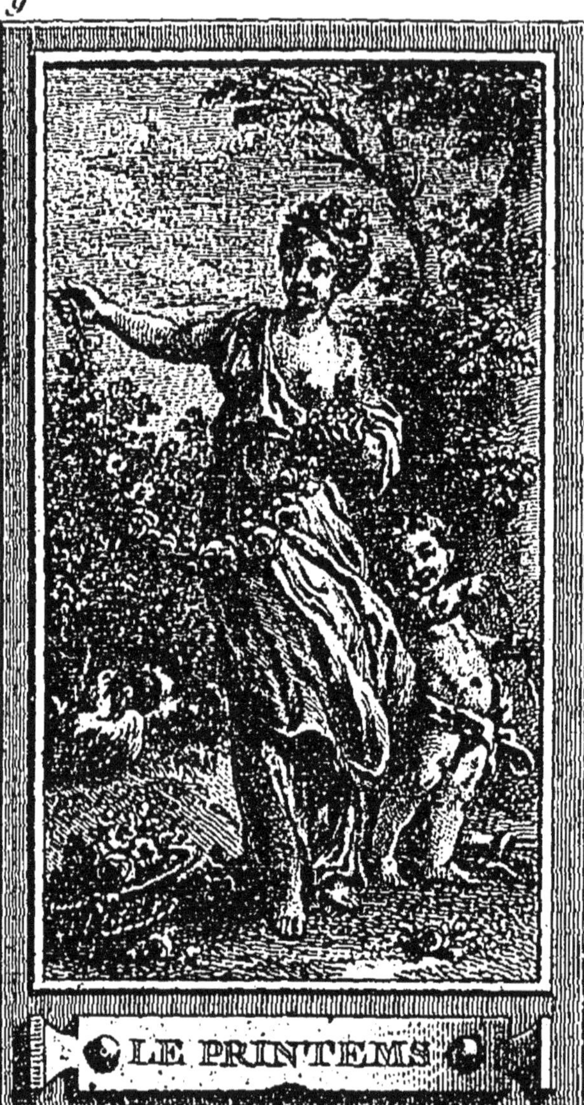

H. Gravelot inv. N. Choffard Sculp.

B.R

PRINTEMS.

La plus riante des ſaiſons, le *Printems* eſt repréſenté ſous les traits de Flore, ou d'une jeune nymphe, tenant une guirlande de fleurs, emblême du renouvellement des plantes & du réveil de la nature, qui ſemble ſe ranimer aux premiers feux du ſoleil. L'Amour dans l'action d'eſſayer ſes traits, annonce le projet qu'il a d'en faire uſage ſur tous les êtres ſoumis à ſon empire : idée qu'on a tâchée d'exprimer par deux tourterelles qui ſe careſſent ſous un buiſſon de roſes.

PROMÉTHI

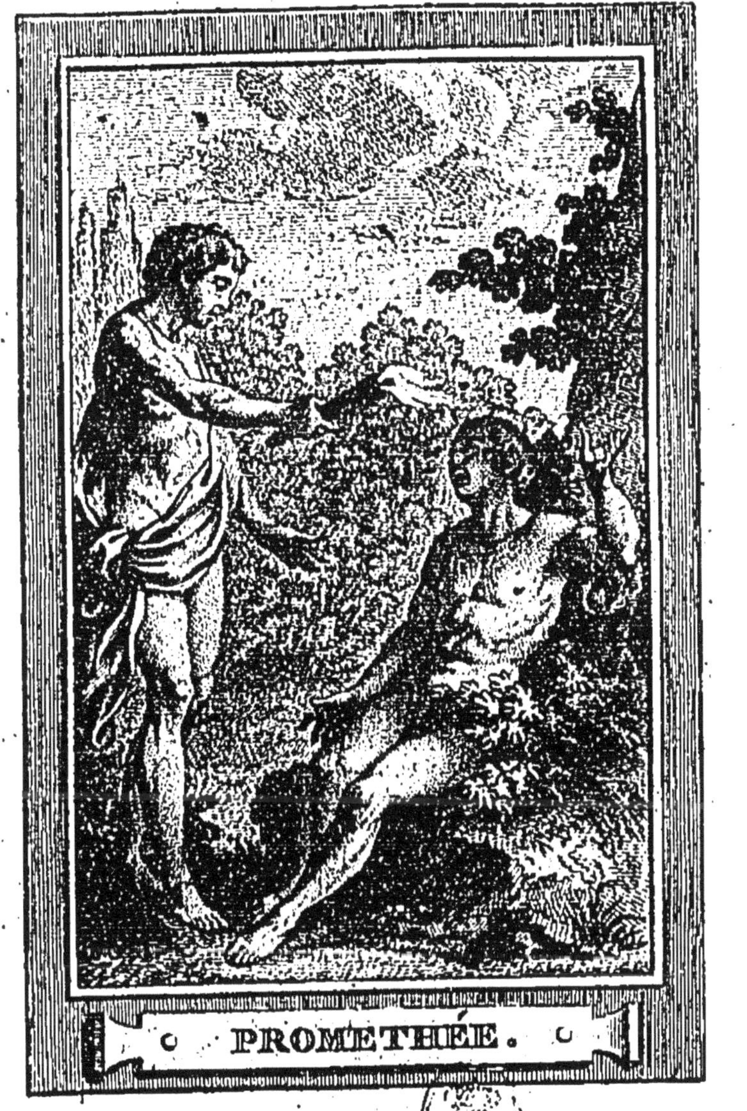

PROMETHÉE.

B.R

PROMÉTHÉE.

Considéré comme l'emblême du génie créateur, on repréſente *Prométhée* ſous la figure d'un beau jeune homme, ſecouant ſon flambeau ſur la tête d'un mortel qu'il vient d'animer ; celui-ci exprime ſa ſurpriſe & tourne ſes regards reconnoiſſans vers la divinité qui lui donne l'exiſtence. On ſçait que *Prométhée*, fils de Japet & de Clymène, après avoir formé l'homme du limon de la terre, l'anima du feu céleſte qu'il avoit dérobé dans le ciel par le ſecours de Minerve. Le ſupplice de *Prométhée* ſur le mont Caucaſe, où ſes entrailles, ſans ceſſe renaiſſantes, étoient déchirées par un vautour, eſt une fiction qui ne peut être relative qu'à l'emblême des remords.

Pour exprimer la liberté rendue aux arts & au génie, on pourroit repréſenter *Prométhée* enchaîné ſur le mont Caucaſe, & la Liberté, avec les attributs qui la caractérise, rompant les fers du fils de Japet. On sait que *Prométhée* ne subit ce supplice qu'après avoir dérobé le feu céleste dont il anima sa statue, & que sa flamme est celle du génie, qui donne le sentiment & la vie à tous les ouvrages auxquels il préside.

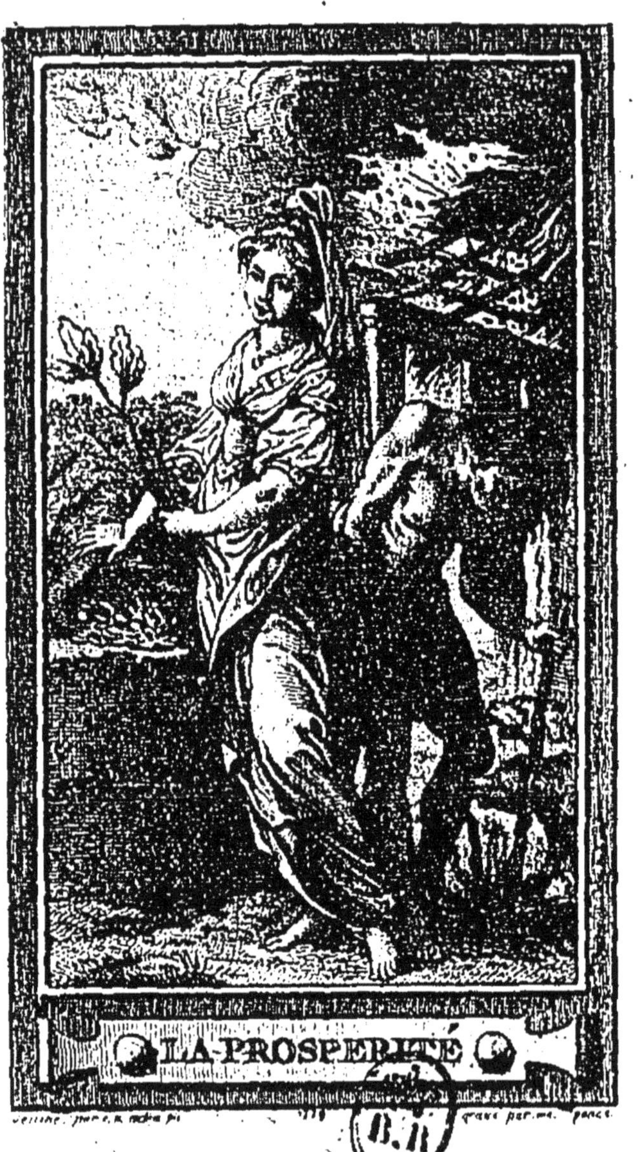

B.R

PROSPÉRITÉ.

Faveur de la fortune, mais qui dépend très-souvent de la conduite. On peint la *Prospérité* par une femme dont le visage est riant, les habits somptueux, tenant d'une main une corne d'abondance remplie de pièces d'or, & de l'autre un faisceau de branches de chêne, de lauriers, de fleurs, de pampres de vignes, de bled, enfin de tout ce qui peut servir à indiquer la gloire & la félicité.

BONHEUR.

On peut le représenter par un jeune homme auquel on donnera les attributs de la figure précédente, en y ajoutant ceux de la Sagesse, de la Prudence & de la Tempérance, parce que sans ces vertus il n'est point de *Bonheur* durable.

VERTU.

Comme il n'eſt point de vrai bonheur ſans la *Vertu*, il a paru convenable de placer cet article à la ſuite du précédent. La *Vertu*, révérée chez toutes les nations de l'univers, l'étoit particulièrement chez les Romains qui lui avoient élevés des temples. On la repréſente ſous les traits d'une femme jeune, belle, dont l'attitude noble & décente inſpire le reſpect. Elle eſt vêtue de blanc, & ſe reconnoît au ſoleil qui brille ſur ſa poitrine, ainſi qu'a la couronne de laurier qu'elle tient à la main. On la peint debout, & quelquefois avec des aîles, pour marquer ſon activité; le ſoleil & la couleur de ſes vêtemens annoncent la pureté de ſes intentions, & la couronne de lauriers, l'immortalité qui eſt la récompenſe de la *Vertu*.

ADVERSITÉ.

Une femme âgée, triste, abbatue par le malheur & vêtue de lambeaux, est l'emblême de l'*Adversité*. D'une main elle s'appuye sur un roseau, en traversant un champ stérile; ses membres sont couverts de plaies, que des chiens viennent lécher. Derrière elle on apperçoit sa cabanne détruite par un incendie.

CALAMITÉ.

On peut la peindre sous les mêmes attributs que la figure précédente, excepté qu'au lieu de la chaumière en flamme, on représentera derrière la *Calamité* un champ ravagé par la grêle, ou inondé par les débordemens d'un fleuve, selon les circonstances où l'on employera cette figure.

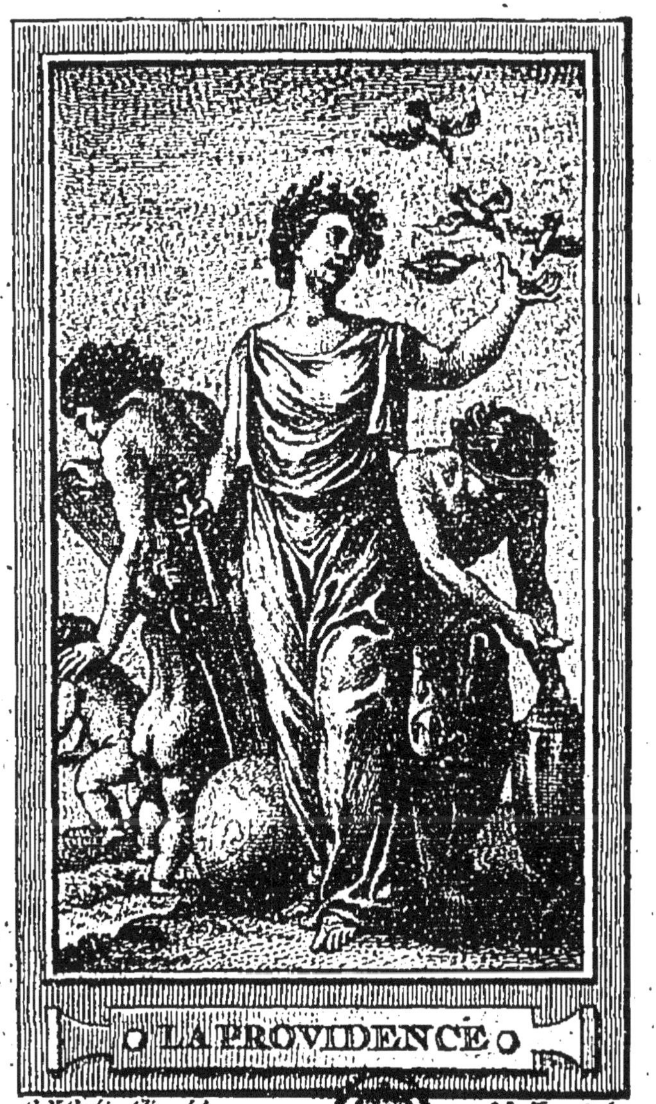

LA PROVIDENCE

C. N. Cochin filius del. J. Le Veau Sculp.

B.R

PROVIDENCE.

Puissance active de la divinité dans la conservation de l'univers. On la represente par une femme dont les traits nobles & majestueux annoncent en même-tems la tendresse & la bonté; d'une main elle tient un gouvernail auprès du globe du monde, tandis que de l'autre elle donne à manger aux oiseaux. Ces emblêmes ingénieux & expressifs n'ont besoin d'aucune explication.

ATHÉISME.

On peut représenter l'*Athéisme* par un homme égaré, furieux, déchirant, en détournant la tête, le mot *Gehova* écrit en hébreu & resplendissant de lumière. *L'Athéisme* sera nud; le bandeau qui lui couvre les yeux laissera voir des oreilles d'âne, symbole de l'ignorance & de l'entêtement. Sous les pieds de *l'Athéisme*, on appercevra une cassolette où brûlent des parfums & un phénix au milieu d'un brasier.

emblêmes connus de la divinité & des hommages qu'on lui rend.

DESTIN.

DIVINITÉ adorée des anciens & à laquelle Jupiter même étoit soumis. Sans s'arrêter aux rêveries de la mythologie, on a représenté le *Destin* par un jeune homme, d'un caractère sévère, pour indiquer qu'il est inflexible, tenant une table d'airain, où sont gravés ses arrêts, & conduisant deux enfans dont l'un folâtre autour de lui, tandis qu'il fait tomber l'autre dans un précipice.

FATALITÉ.

ON pourroit peindre la *Fatalité* sous les traits d'une femme, avec les mêmes attributs que la figure précédente ; mais en supprimant la table d'airain.

SORT.

C'ÉTOIT sous l'emblême d'une femme que les Romains représentoient cette figure, parce que dans leur langue le mot *Sort* est féminin. On peut peindre le *Sort* sous l'image d'un jeune homme, les yeux couverts d'un bandeau, & prenant des billets dans une urne destinée à les recevoir ; de sa draperie tombent, au hazard, des joyaux, des couronnes, des chaînes, des fleurs, des épines, en un mot tous les symboles des biens & des maux.

HAZARD.

C'est lui qui donne la naissance, les trônes les richesses. On peut donc représenter le *Hazard* par un vieillard aveugle qui, dans sa course rapide, laisse échapper, des pans de sa robe, des petits bulletins, où sont écrits des noms, dont les uns sont reçus par les génies des grandeurs, de la fortune, tandis que d'autres sont noyés dans le fleuve de l'oubli.

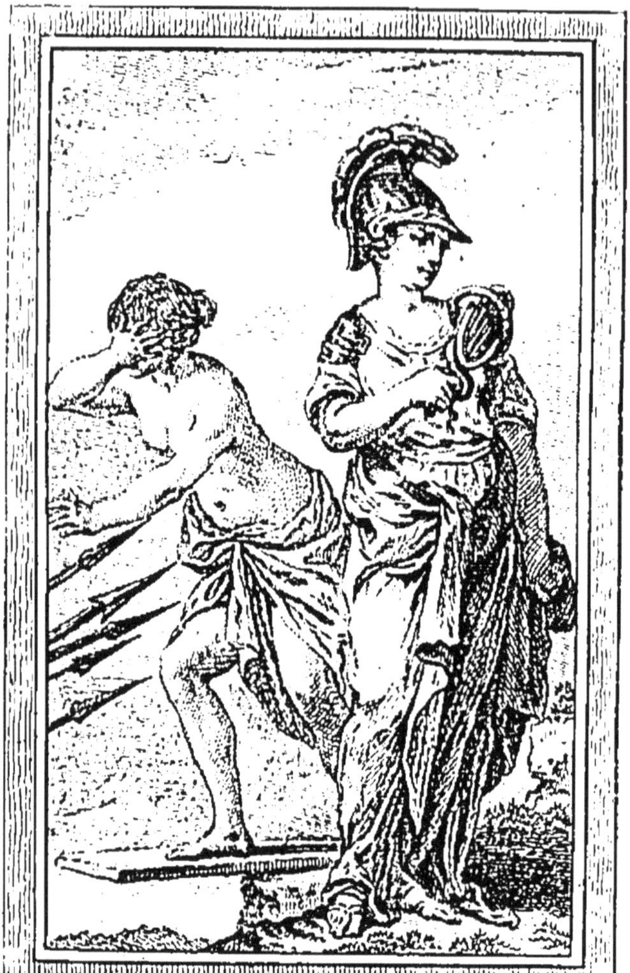

LA PRUDENCE

C. N. Cochin, filius del. C. L. Lingée Sculp.

B.R

PRUDENCE.

Le caractériſtique ſymbole de cette vertu eſt le miroir entouré d'un ſerpent. On donne le miroir pour attribut à la *Prudence*, afin d'indiquer à l'homme la néceſſité de s'examiner, de ſe connoître, pour régler ſa conduite, & le ſerpent, parce que ce reptile, lorſqu'il eſt attaqué, cache, dit on, ſa tête pour la mettre à l'abri du danger. Quelquefois auſſi l'on donne à la *Prudence* un caſque d'or, ce qui ſignifie que l'homme prudent ſait réſiſter aux embûches de la fraude & de la perfidie.

TÉMÉRITÉ.

Une jeune femme, les yeux couverts de ſa main & marchant ſur une planche qui couvre un précipice, eſt l'emblême de la *Témérité*. On peut ajouter au devant de cette figure des piques dirigés contre elle, ſur leſquelles, par ſon imprudence, elle va ſe précipiter.

IMPRUDENCE.

On peut repréſenter cette figure comme la précédente, en obſervant de lui faire tourner la tête derrière elle, au lieu de mettre la main devant ſes yeux; l'on doit ſupprimer les piques, parce qu'on peut être imprudent ſans être téméraire.

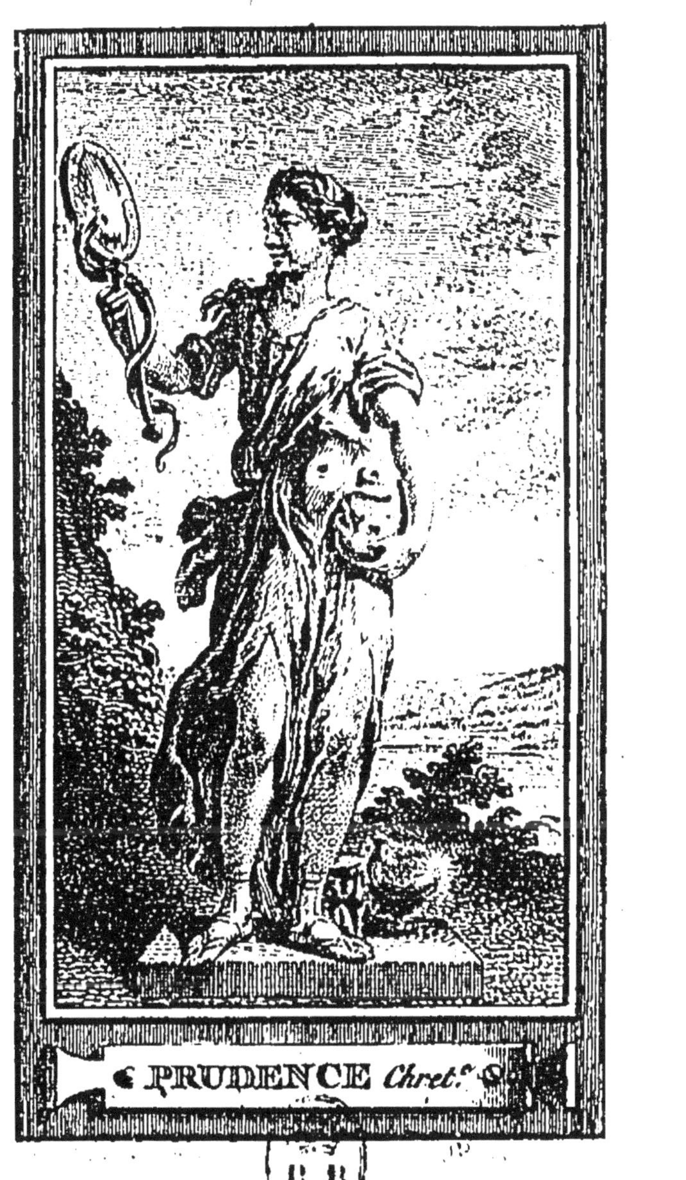

B.R

PRUDENCE CHRÉTIENNE.

On peut la repréſenter tenant une tête de mort, parce que la *Prudence chrétienne* nous engage à méditer ſur le moment terrible qui doit décider de notre malheur ou de notre félicité éternelle ; ce qu'indique la maxime, conſacrée par la religion, qu'on voit écrite autour du miroir que tient la *Prudence chrétienne : Memento quia pulvis es.* L'horloge de ſable déſigne l'incertitude où nous ſommes de notre heure dernière, & une lampe allumée fait alluſion à la parabole des vierges ſages; ce dernier attribut a été employé par Michel-Ange Slodtz, dans une des figures du périſtile de Saint-Sulpice.

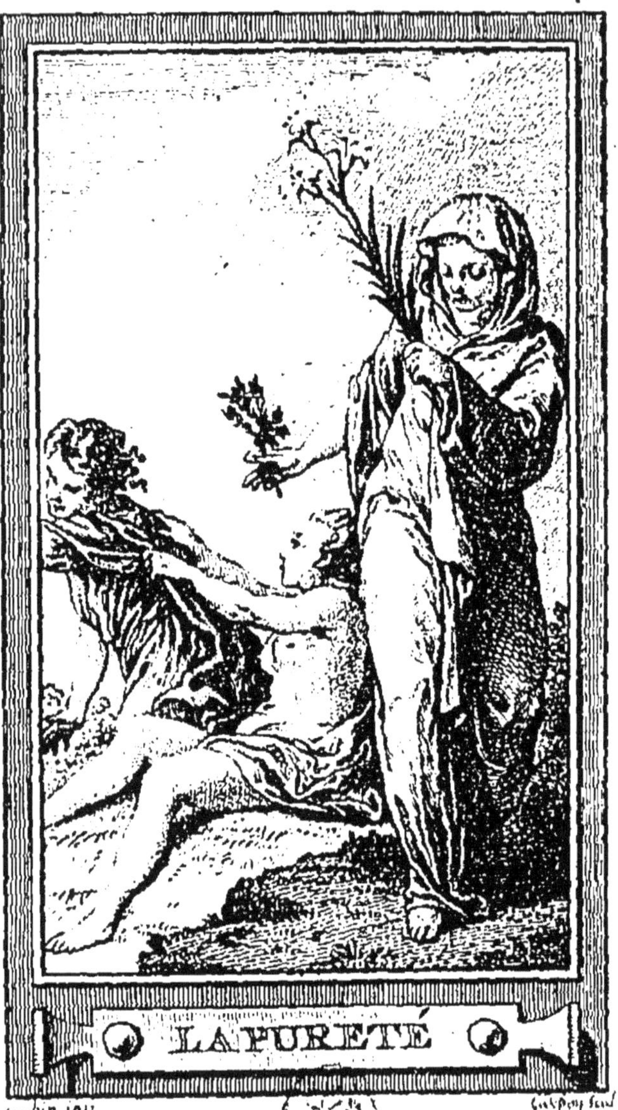
LA PURETÉ

PURETÉ.

L'EMBLÊME le plus univerſel de la *Pureté* eſt une jeune fille, modeſte, les yeux baiſſés, vêtue de blanc, la tête couverte d'un voile & tenant un lys, qui eſt le ſymbole de cette vertu.

PUDEUR.

IGNORANCE modeſte que la pureté de l'ame fait rougir. On repréſente la *Pudeur* ſous les traits d'une jeune vierge ; la candeur ſur le front elle baiſſe les yeux & rougit. Comme la Pureté, elle porte un voile & tient un lys; mais la *Pudeur* eſt vêtue de rouge & tient de la main droite une branche de la plante nommée ſenſitive, qui a la propriété de ſe retirer dès qu'on la touche.

IMPURETÉ.

VICE oppoſé à la Pureté, moins odieux que la Luxure, mais également contraire à la

Pudeur & à la chasteté. On peut le représenter par l'emblême historique de Joseph, que la femme de Putiphar s'efforce de retenir par son manteau.

RAISON.

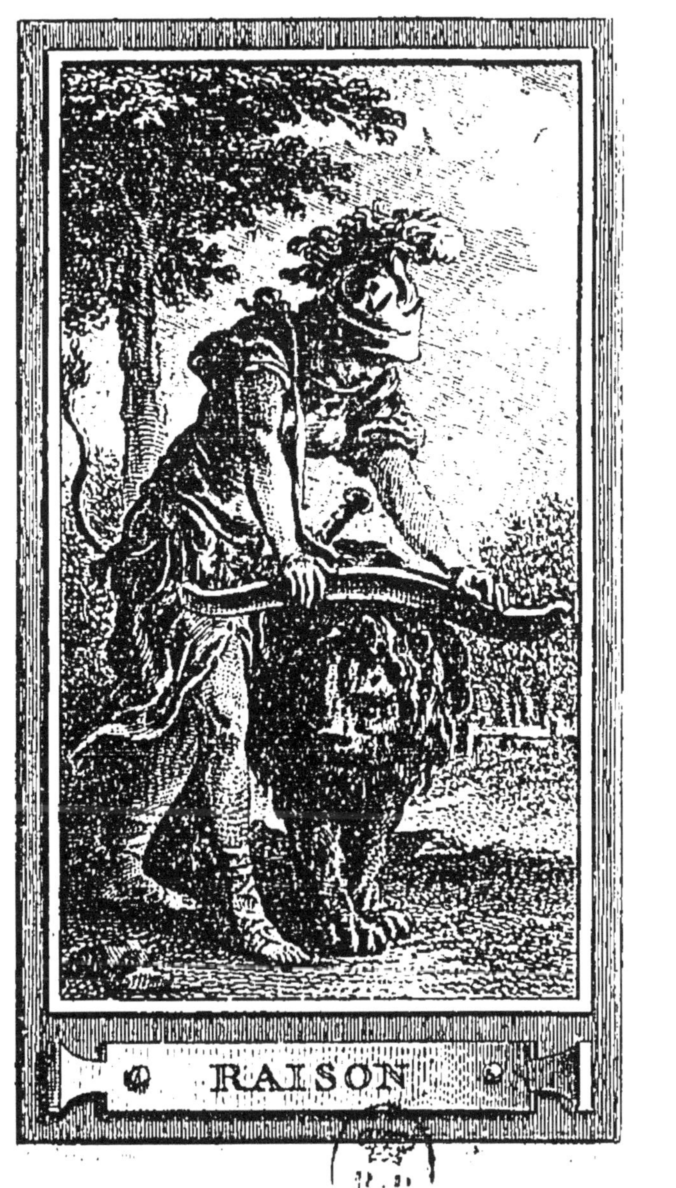
RAISON

RAISON.

FACULTÉ de l'ame que nul être, dans la nature, ne posséde au même degré que l'homme. L'emblème de la *Raison* est une femme armée, dont un diadême orne le casque, & mettant un lion sous le joug; pour faire entendre que la *Raison* est donné à l'homme pour combattre & dominer ses passions. L'olivier qui croît derrière elle, annonce que le fruit de cette victoire est la paix de l'ame.

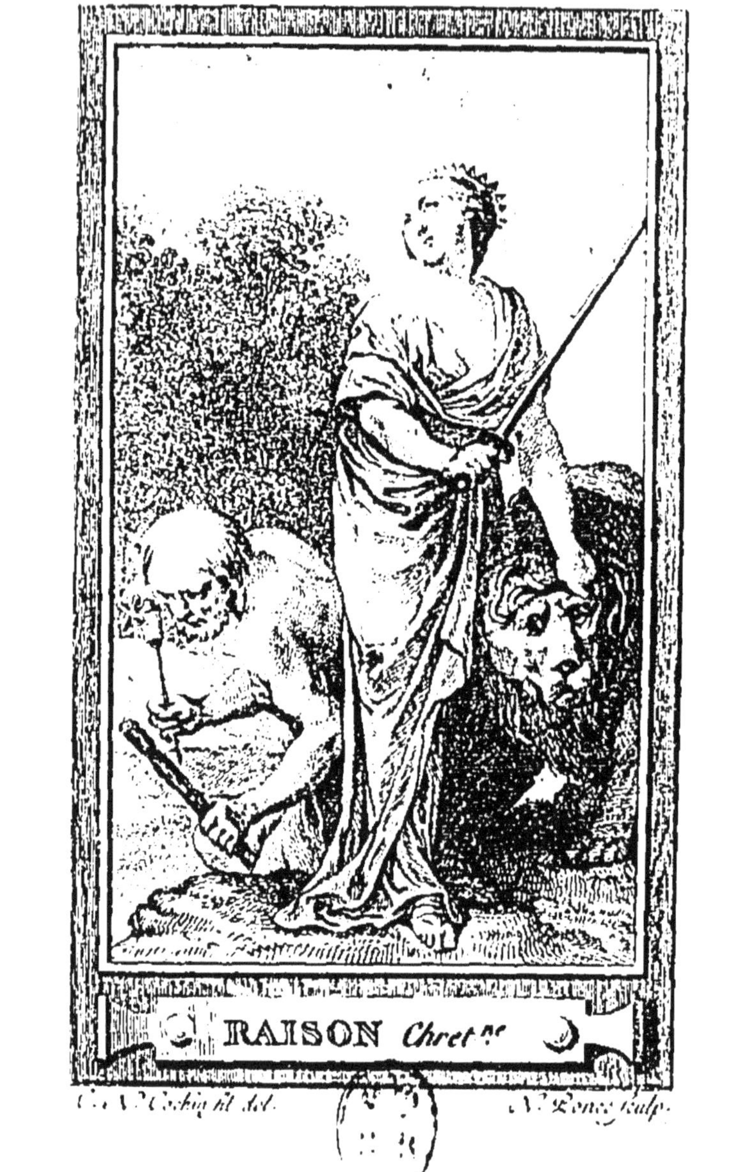
RAISON *Chret.ne*

RAISON CHRÉTIENNE.

On doit la repréſenter ſous l'emblême d'une belle femme, ayant la gravité décente & la perſuaſion qui doivent la caractériſer ; elle porte une couronne ſur la tête, & tient un lion par la bride. Le mords, qu'on peut lui faire tenir également, eſt l'attribut particulier de la *Raiſon* qui ſçait mettre un frein aux paſſions dangereuſes, & l'épée indique qu'elle doit les combattre ſans ceſſe. La *Raiſon chrétienne* a les yeux fixés vers le ciel, d'où s'échappe un rayon de lumière, parce que c'eſt du ciel qu'on obtient la force de triompher des obſtacles qui s'oppoſent à notre félicité éternelle.

DÉMENCE.

Cette maladie de l'eſprit eſt peinte ſous la figure d'un vieillard décrépit, à cheval ſur un bâton, & jouant, comme font les enfans, avec un petit moulin de carte.

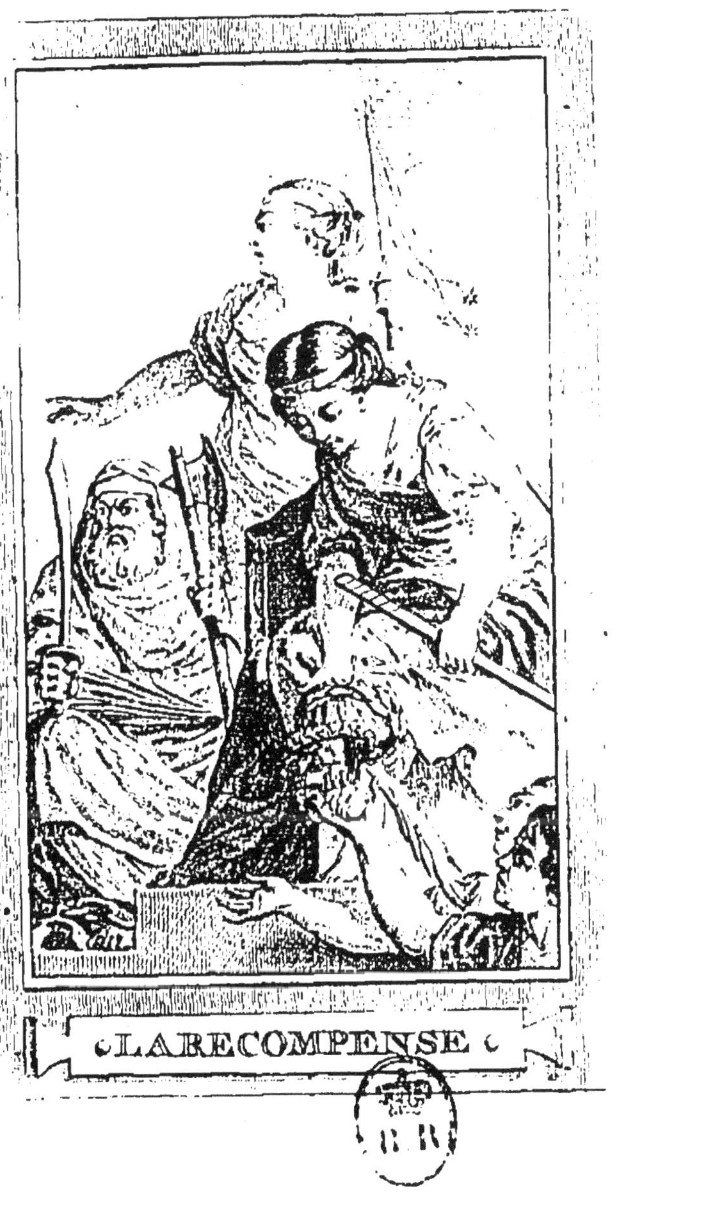

LA RECOMPENSE

RÉCOMPENSE.

On peint la *Réoompense* sous les traits d'une femme d'un âge mûr, ayant une couronne d'or sur la tête, emblême de sa dignité ; d'une main elle tient une mesure, pour indiquer qu'elle accorde les récompenses avec justice & discernement. On ne lui donne point de balance, afin de ne point faire d'équivoque. De la main droite elle distribue des récompenses, représentées par des palmes, des couronnes de laurier, de chêne, des médailles, &c.

CORRECTION.

Une femme, armée d'une discipline, & dont le regard est sévère, est l'emblême que les iconologistes donnent de la *Correction*. On doit la représenter âgée, parce que la *Correction* demande beaucoup de prudence.

CHATIMENT.

On le peint, sous l'aspect d'un vieillard sévère, assis, ayant sur ses genoux un faisceau de verges déliées; d'une main il tient la hache élevée, & de l'autre un sabre. Auprès de lui sont des chaînes, & autres instrumens de supplice.

PUNITION.

La *Punition* doit être représentée par une femme avec les attributs pris de l'une ou l'autre des deux figures précédentes, relativement à la gravité de la faute.

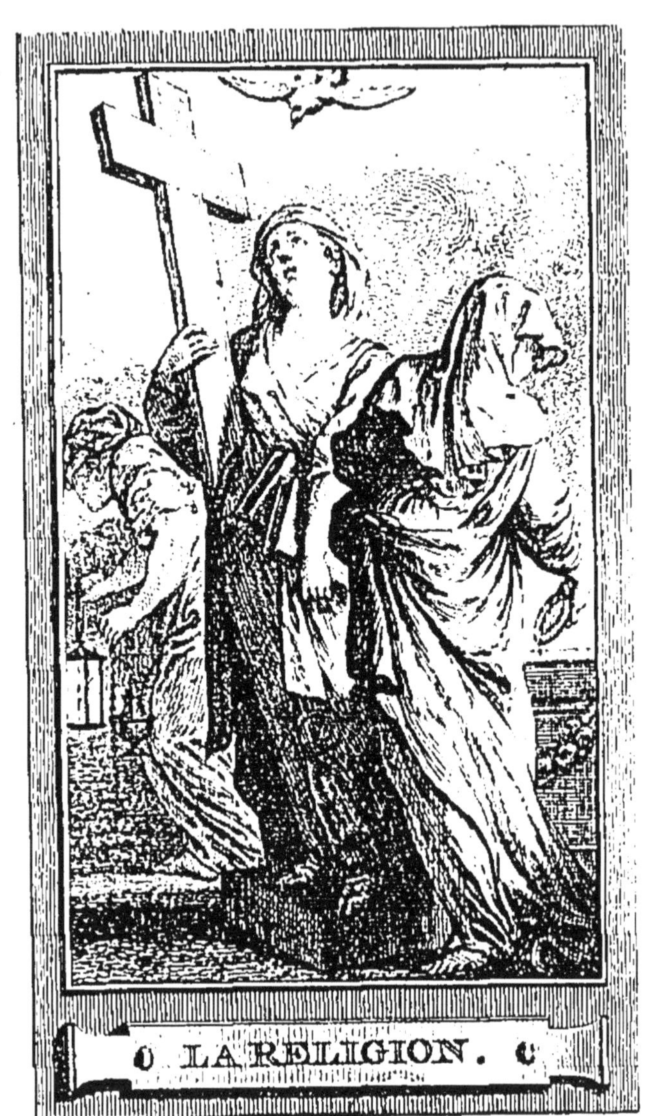

LA RELIGION.

RELIGION.

Prise en général pour un culte rendu à la divinité, la *Religion* est représentée par une femme dont les traits majestueux inspirent la vénération & le respect; un voile descend sur son front, elle est inclinée devant un autel antique, & fait des libations, ou brûle de l'encens en l'honneur des dieux. Les anciens donnoient pour symbole à la *Religion* un éléphant, parce que l'on croyoit que cet animal adoroit le soleil.

RELIGION CHRÉTIENNE.

On peint la *Religion chrétienne* sous les traits de la figure précédente; son attribut particulier est une croix, symbole du salut, qu'elle tient embrassée. Sous le bras gauche, la *Religion chrétienne* porte les livres de l'ancien & du nouveau testament; elle est posée sur une pierre angulaire, & ses regards sont tournés vers le ciel, où le St-Esprit lui apparoît sous la forme d'une colombe.

RELIGION ERRONÉE.

L'ENCENSOIR, qu'on lui fait tenir, est employé comme attribut générique du culte; mais pour désigner sans équivoque la *Religion erronée*, on ne la place point sur la pierre angulaire; un bandeau, symbole de l'erreur, lui couvre les yeux & l'empêche d'appercevoir la véritable lumière; la *Religion erronée* n'est éclairée que par celle d'une lanterne sourde qu'elle tient à la main.

HÉRÉSIE.

On peut donner à l'*Hérésie* les mêmes attributs de la figure précédente, en y ajoutant les livres des plus fameux hérésiarques.

RELIGION PAYENNE.

Voyez *Idolâtrie*.

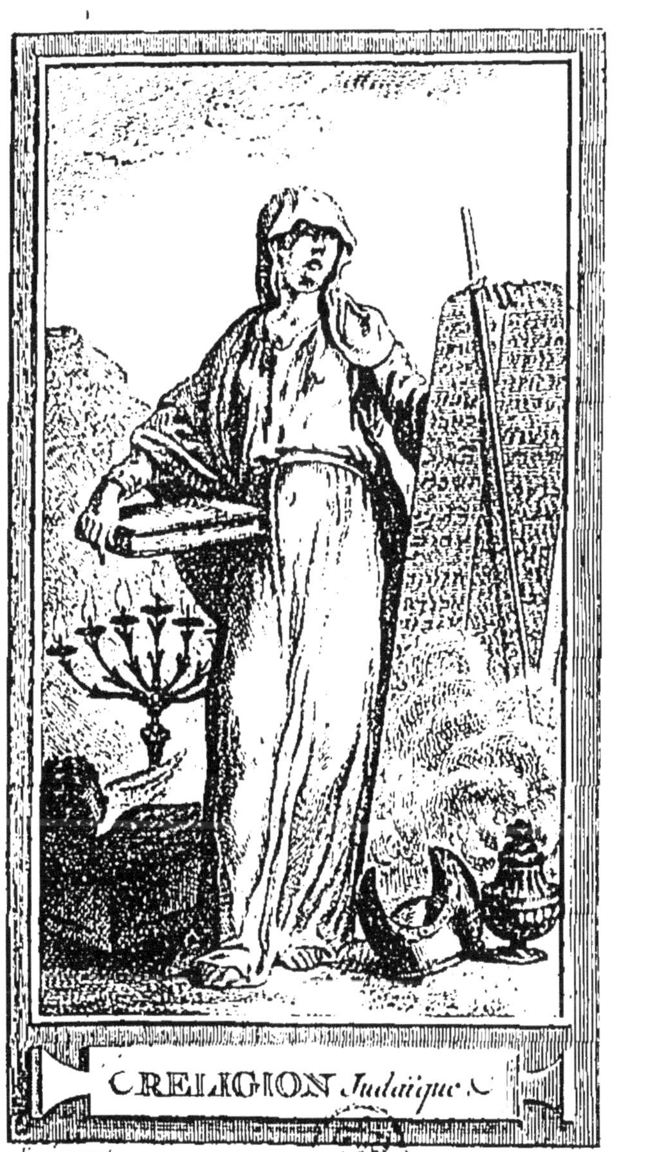
RELIGION Judaïque

RELIGION JUDAIQUE.

La *Religion judaïque*, le front couvert d'un voile & appuyée sur les tables de la loi, tient d'une main la verge du législateur des Hébreux, & de l'autre le lévitique, où sont renfermés les préceptes & les cérémonies de la religion du peuple juif. L'arche d'alliance, le chandelier à sept branches, le bonnet du grand-prêtre, l'encensoir & le mont Sinaï, qui terminent le tableau, achèvent de caractériser la *Religion judaïque*. On l'a représentée le front couvert d'un voile, pour faire entendre que les mystères de l'ancienne loi n'étoient que la figure de ceux de la nouvelle.

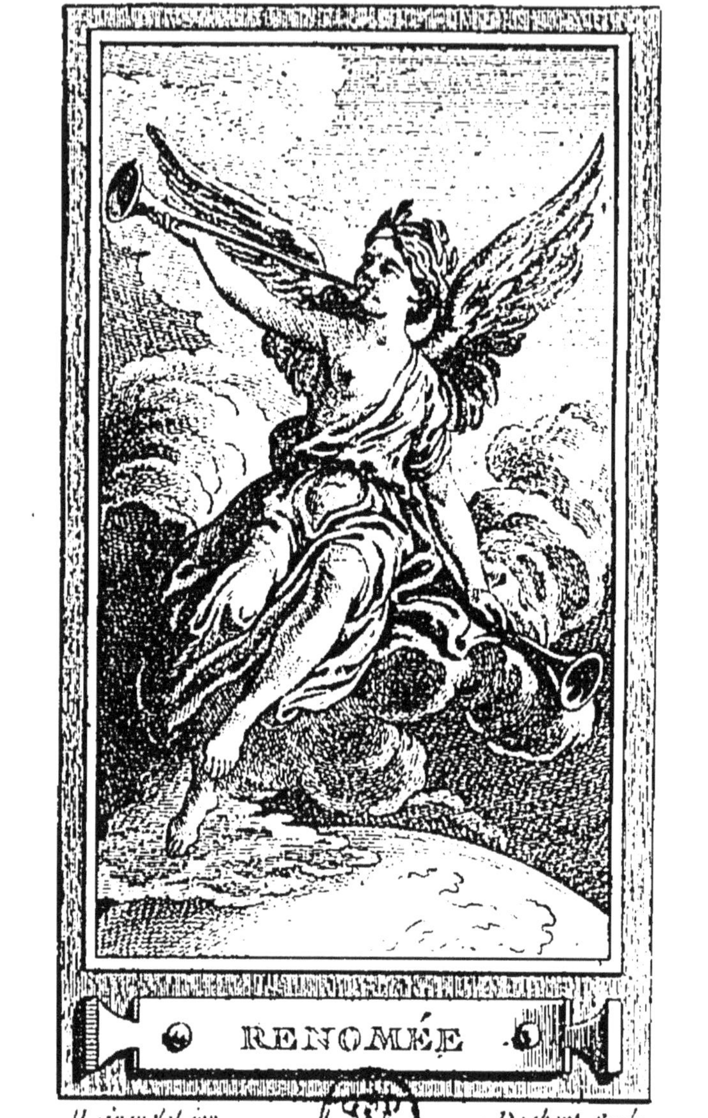
RENOMÉE
H. Gravelot inv.
Deghent sculp.

RENOMMÉE.

Cette figure est trop connue pour avoir besoin d'une longue explication. On la représente toujours légèrement vêtue, avec des ailes & portée sur les nuages, pour peindre la célérité avec laquelle la *Renommée* parcourt l'univers. Echo des bruits & des rumeurs, elle tient deux trompettes, dont l'une publie les bonnes actions, & l'autre les mauvaises. Virgile a soin de parsemer sa robe d'yeux, d'oreilles & de bouches, pour faire entendre que si la *Renommée* voit & entend tout, elle a autant de bouches pour en instruire les nations.

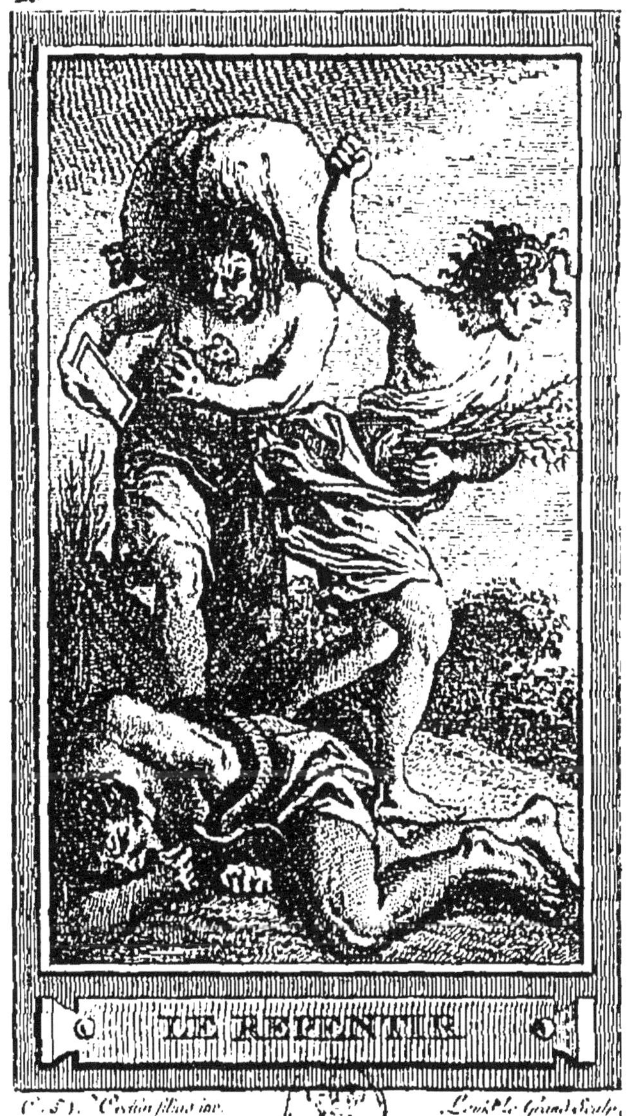

REPENTIR.

Regret fincère des fautes qu'on a commifes. On l'a repréfenté par un homme affligé, revêtu d'un cilice, & appercevant dans un miroir fon cœur rempli de taches, emblêmes des iniquités que le *Repentir* s'empreffe d'effacer par la pénitence. Auprès de lui font des fouets, des difciplines, & fa tête eft chargée d'un fac de cendre, fous le poids duquel le *Repentir* paroît affaiffé.

INJURE.

Suivie du repentir, l'*Injure* offenfante eft peinte fous les traits d'une femme irritée, coëffée de ferpens, le regard farouche, & dans l'action de frapper. Elle tient un faifceau d'épines, & foule aux pieds les balances de Thémis.

REMORD.

Tourmens caufés par le reproche intérieur

du crime qu'on a commis. On repréſente le *Remord* par un homme en proie au déſeſpoir, ſe traînant à terre, mordant ſes poings, & enveloppé d'un ſerpent qui lui ronge le cœur. Le vautour déchirant les entrailles de Prométhée, a été pris encore pour emblême des remords.

FURIES.

Aux remords qui tourmentent les criminels, on ajoute quelquefois les *Furies*, divinités infernales, connues encore ſous le nom d'Euménides. Elles étoient trois, Thiſiphone, Mégère, Alecton, occupées dans le Tartare à punir les coupables. On peint les *Furies* maigres, affreuſes, les yeux étincellans de colère, armées de fouets, de flambeaux, & coëffées de ſerpens. Pour cette figure, voyez *Diſcorde*.

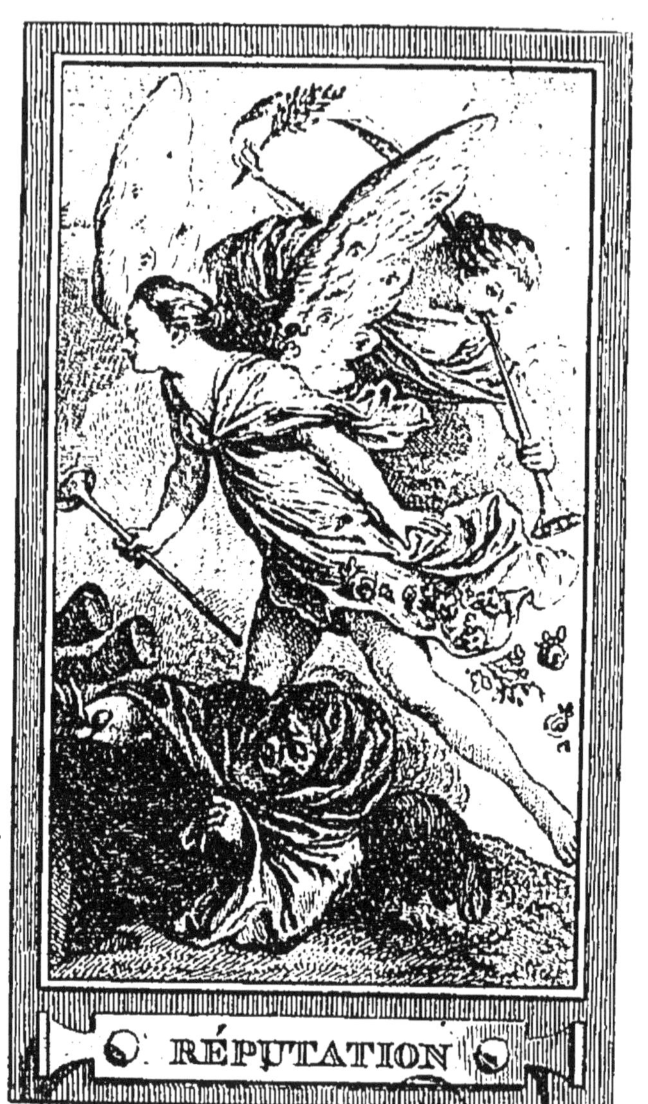

Cochin inv. Godefroy Sculp.

RÉPUTATION.

La *Réputation* eſt peinte ſous l'emblême de la Renommée, mais ayant le vol moins prompt, le viſage plus modeſte, le regard plus tendre ; elle n'embouche point la trompette qu'elle tient à la main, & ſes ailes ſont parſemées d'yeux, de bouches & d'oreilles. On peut encore faire échapper de ſa draperie les fleurs les plus odoriférantes.

RENOMMÉE. (*Bonne*)

C'est ſous les traits d'une femme agréable qu'on repréſente la *bonne Renommée;* elle ſonne de la trompette & tient de la main droite une branche d'olivier, ſymbole caractériſtique des actions vertueuſes que cette déeſſe s'empreſſe de publier.

RENOM. (*Mauvais*)

On le peint ſous la figure d'un homme de

mauvaiſe humeur, ayant des ailes noires, enveloppé de ſes vêtemens, & cherchant à éviter des cornets recourbés qui le pourſuivent.

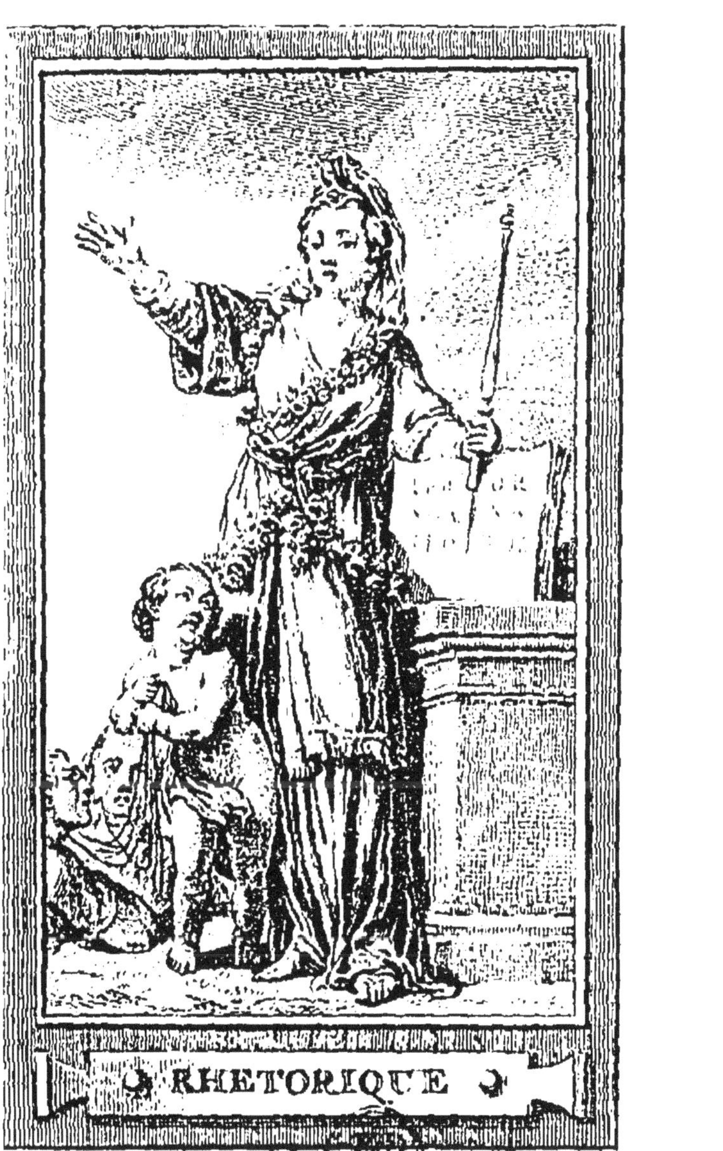

RHETORIQUE

Cochin filius 1773. le Veau Sculp.

RHÉTORIQUE.

Elle eſt repréſentée par une femme élégamment vêtue, ornée de guirlandes de fleurs, & dans l'action de parler avec véhémence; on lui donne pour attributs, un ſceptre & un livre ſur lequel on lit ces mots: *Ornatus, Perſuaſio*, deviſe & objet de la *Rhétorique*. Les anciens iconologiſtes y ont ajouté une chimère, ou monſtre compoſé d'une tête de lion, d'une tête de chèvre, & d'une tête de dragon; mais indépendamment de cette monſtruoſité ridicule, les emblêmes qu'ils ont voulu déſigner par cet aſſemblage ſont ſi forcés, ſi peu intelligibles, qu'on a cru devoir les ſupprimer. Un emblême conſacré par les anciens, & qui parle davantage aux yeux, c'eſt un génie conduiſant, avec facilité, pluſieurs hommes, par des fils qui vont juſqu'à leurs oreilles.

12

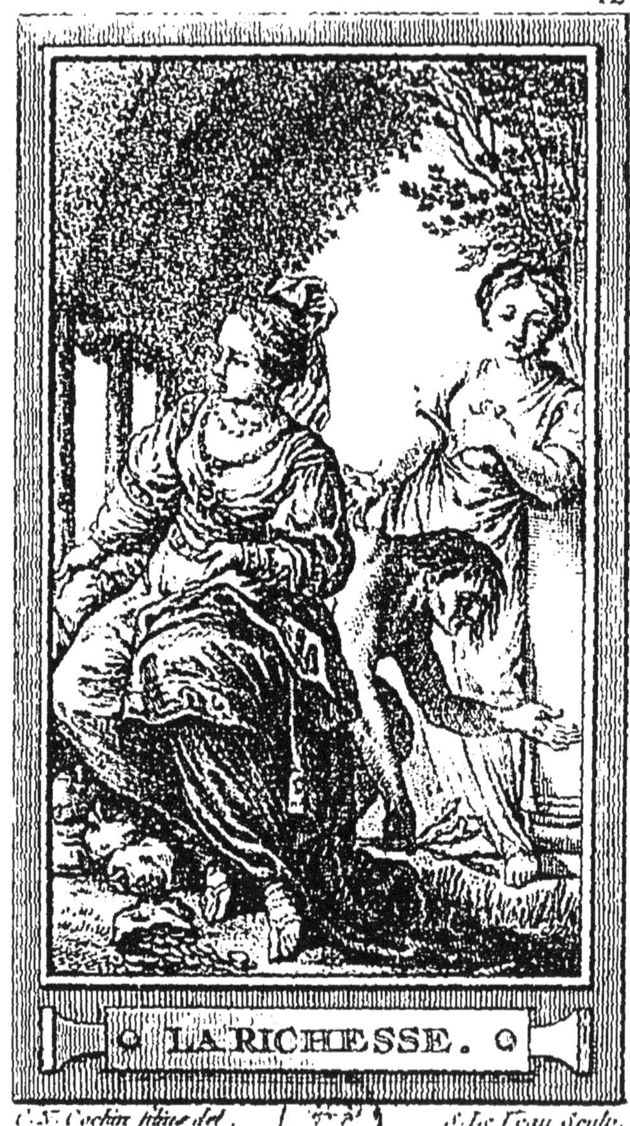

LA RICHESSE.

C. N. Cochin filius del. S. Le Veau Sculp.

RICHESSE.

Fille du travail & de l'économie, la *Richesse* est représentée par une femme superbement vêtue, ornée de bijoux, mais dont le visage n'exprime point la gaieté, parce que la *Richesse* ne procure point le bonheur. Autour d'elle sont des sacs d'argent, & l'on apperçoit dans le fond du tableau une allée d'arbres qui indique l'opulence; on pourroit encore ajouter auprès de la *Richesse* une corne d'abondance remplie de pièces d'or.

MÉDIOCRITÉ.

On peint la *Médiocrité* sous la figure d'une femme dont les traits annoncent le contentement & la satisfaction; elle est vêtue simplement, & tient une bourse en s'appuyant contre une colonne; sa devise est *Medio tutissimus ibis*.

PAUVRETÉ.

Fille de la pareſſe & de l'oiſiveté, d'après la définition des anciens, la *Pauvreté* eſt peinte ſous la figure d'une femme pâle, maigre, preſque nue, ou couverte de lambeaux, & dans l'action de mendier. On peut encore la repréſenter, ſous les mêmes traits, dans un champ moiſſonné & dans une attitude gémiſſante, s'occupant à glaner quelques épis.

MISÈRE.

La *Misère* eſt plutôt conſidérée comme la ſuite involontaire des fléaux ou des malheurs qu'on éprouve, & la Pauvreté comme celle d'un défaut d'ordre ou de conduite. On peut conſulter l'article précédent, pour repréſenter la *Misère* d'après la diſtinction qui vient d'être faite.

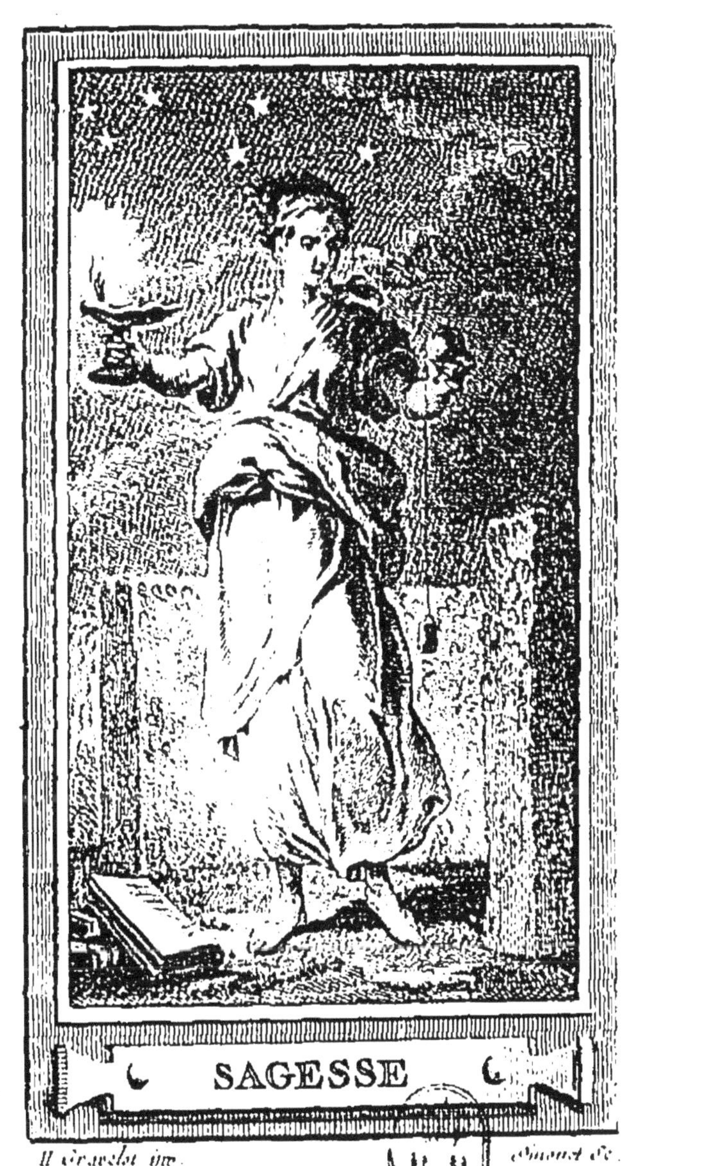

B.R.

SAGESSE.

Le guide le plus sûr, parmi les ténèbres de l'erreur, les dangers, les accidens de la vie, est la *Sagesse*. C'est ce qu'expriment la lampe qui brille dans l'obscurité d'une nuit épaisse, ainsi que le fil qui, dans le labyrinte où elle semble marcher, dirige les pas de la *Sagesse*. L'à plomb qu'elle tient est l'image de l'heureuse égalité qu'elle sçait garder dans la bonne comme dans la mauvaise fortune. Les livres qu'on voit devant la *Sagesse* signifient que cette vertu s'acquiert & s'accroît par les connoissances.

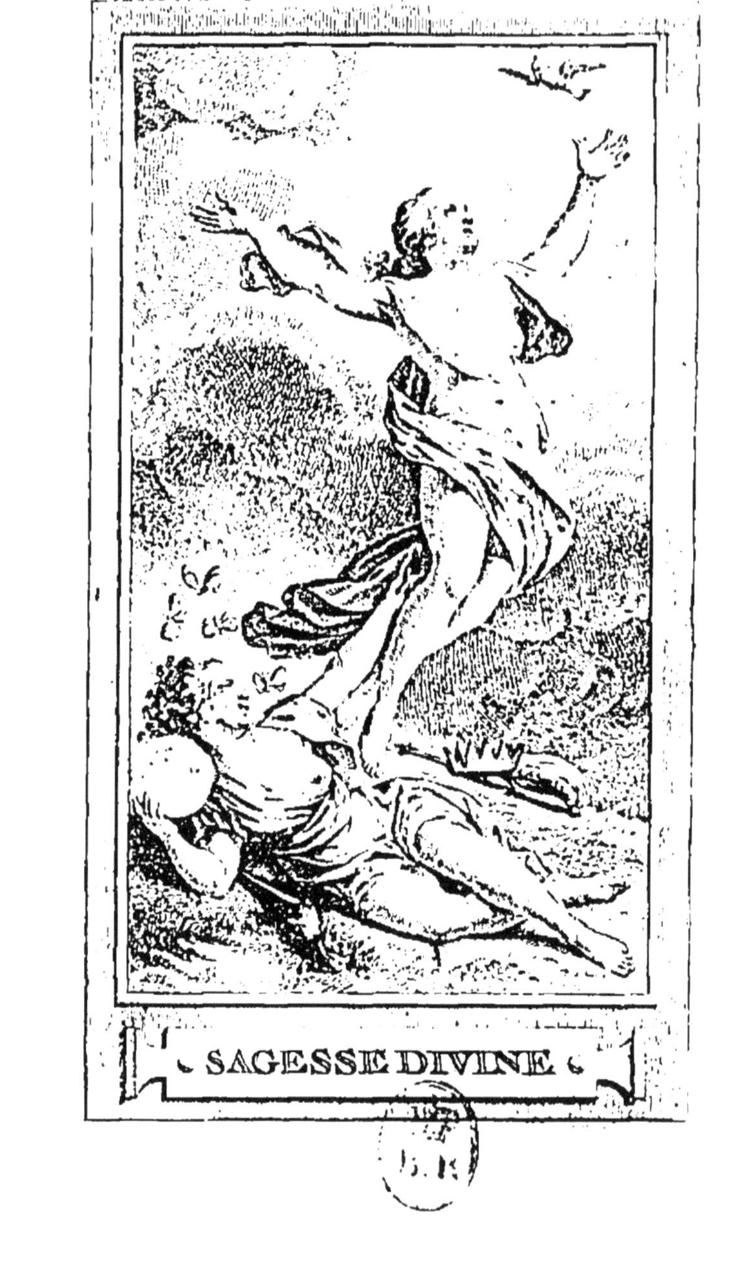

SAGESSE DIVINE

SAGESSE DIVINE.

On la représente sous l'emblème d'une jeune vierge, ayant un soleil sur la poitrine, & s'élevant au ciel, où l'on apperçoit le St-Esprit, sous la forme d'une colombe : allusion à ces paroles de l'écriture sainte : *Sapientiam docet spiritus Dei.* Le sceptre & la couronne qu'on voit aux pieds de la *Sagesse divine*, indiquent le mépris qu'elle fait des vanités mondaines.

FOLIE.

Pour ne point répéter des idées trop rebattues, on a cru pouvoir représenter la *Folie* par une femme couchée à terre, riant à l'excès, & tenant dans sa main une lune, emblème de la maladie de l'esprit. La marotte, attribut distinctif de la *Folie*, est auprès d'elle ; des papillons voltigent autour de sa tête, & elle montre la Sagesse comme un objet de risée.

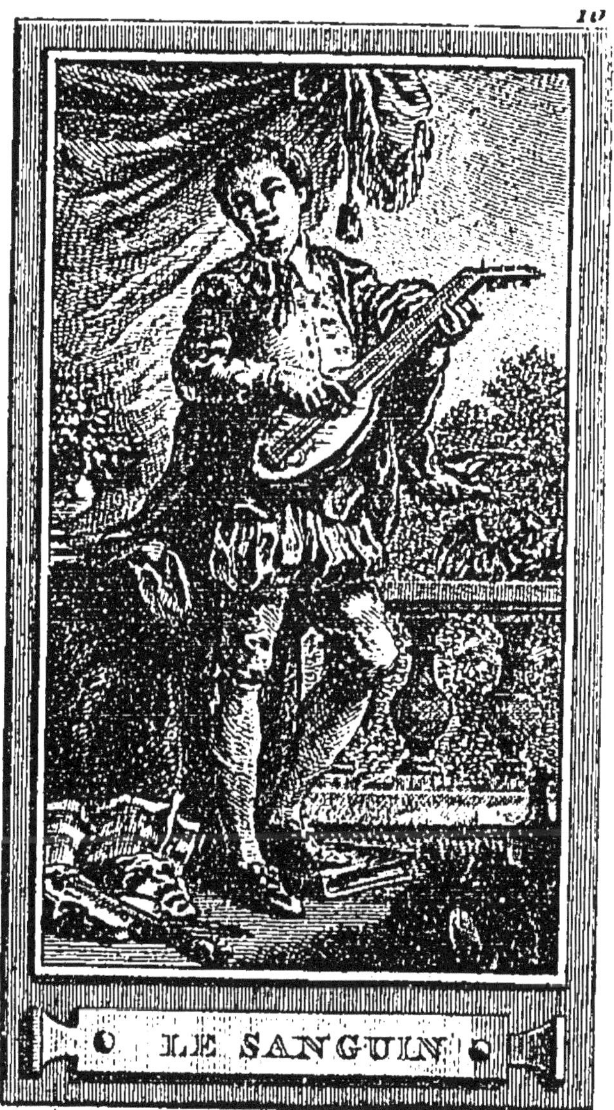

LE SANGUIN

SANGUIN.

Les anciens avoient imaginé, comme on l'a observé à l'article Flegmatique, de personnifier les différentes complections du corps humain; mais on observera que le goût a proscrit de l'allégorie toutes ces figures insignifiantes; cependant, comme elles sont quelquefois employées par les anciens artistes, on n'a pas cru devoir les exclure de l'iconologie. Le *Sanguin* est représenté par un jeune homme ayant le visage riant & le teint vermeil. Les instrumens de musique, & autres attributs de la gaieté qu'on voit près de lui, désignent son goût pour les exercices & les amusemens agréables; de même que le penchant du *Sanguin* pour les dons de Bacchus & les plaisirs de l'Amour, sont indiqués par une corbeille de raisin, une coupe, & par les colombes de Vénus.

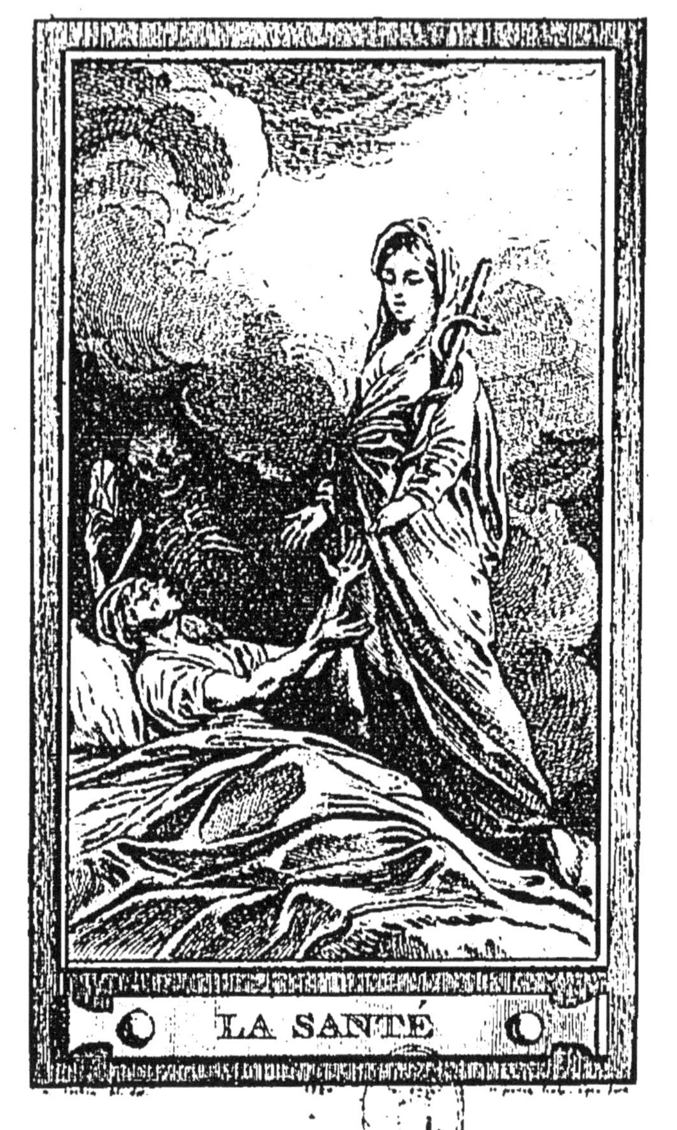
LA SANTÉ

SANTÉ.

Déesse révérée des Grecs & des Romains, qui lui avoient élevé des temples sous le nom d'Hygiée. On peint la *Santé* sous la figure d'une jeune femme, dont l'embonpoint & le visage frais & vermeil annonce la gaité; elle tient à la main un bâton noueux entouré d'un serpent, symbole qu'on donne à Esculape, & qui doit être regardé comme l'attribut distinctif de la *Santé*.

MALADIE.

Une femme pâle, décharnée, souffrante, couchée dans un lit, d'où elle implore la santé, est l'emblême le plus naturel de la *Maladie*. Près du lit est la Mort, cachée en partie sous un voile, & tenant une horloge de sable.

MORT.

On a, presque toujours, représenté la *Mort* sous l'aspect hideux d'un squelette, figure dégoûtante, dont l'image révolte dans la peinture, & que la sculpture ne peut exécuter avec succès; peut-être seroit-il plus exact & sur-tout plus poétique & plus pittoresque de peindre la *Mort* sous l'emblème d'une jeune femme moissonnée dans son printems; on la représenteroit desséchée par les maladies & les souffrances; une pâleur livide répandue sur toutes les parties du corps, les traits déformés, la bouche contractée, les narines resserrées, & le relâchement apparent des chairs, annonceroient d'une manière non-équivoque la privation du souffle de vie. On pourroit également lui faire tenir la faux du tems & l'horloge de sable qui indique que l'heure fatale est arrivée. C'est aux poètes & aux artistes célèbres à autoriser cette pensée par l'usage. En attendant, on pourra se servir de l'emblème connu du squelette armé de la faux & tenant le sablier.

PARQUES.

Divinités qui présidoient à la vie des hommes. Les fonctions de ces trois sœurs, filles de l'Érèbe & de la Nuit, varient souvent dans la mythologie. Le plus souvent elles sont représentées sous la figure de trois vieilles femmes. Mais je préférerai l'idée ingénieuse dont Mignard a fait usage dans un des tableaux du plafond de St-Cloud, où l'âge varié des Parques indique les principales époques de la vie, la jeunesse, la virilité, la vieillesse. *Lachésis*, qui tient la quenouille, est plus jeune que *Cloton*, qui tourne le fuseau, mais *Atropos*, qui coupe le fil, est toujours peinte sous les traits d'une vieille, dont le caractère farouche exprime l'emploi. On sait que pour caractériser une heureuse destinée, les *Parques* doivent filer une trame de laine blanche, ou d'or & de soie, & que pour annoncer une vie malheureuse, la trame doit être de laine noire.

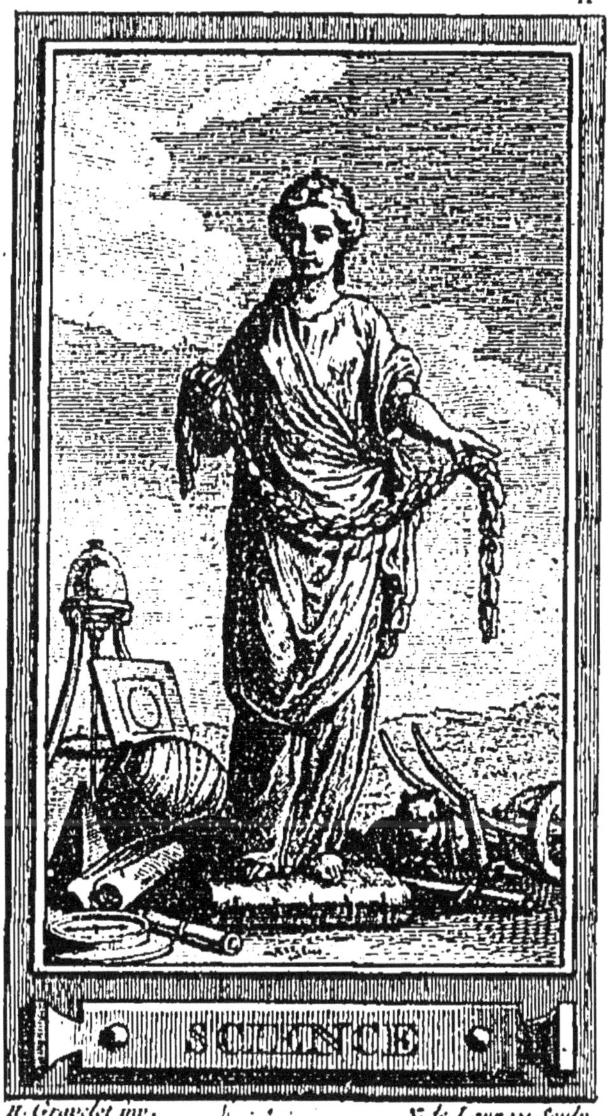

H. Gravelot inv. N. de Launay Sculp.

SCIENCE.

On décore du nom de *Science* la réunion des connoiſſances acquiſes par l'étude & fondées ſur l'évidence. C'eſt pourquoi l'on a repréſenté la *Science* ſous les traits d'une femme d'un maintient grave, placée ſur le recueil des connoiſſances humaines (l'Encyclopédie), dans lequel leurs enchaînemens & leurs rapports ſont en même-tems développés. Comme la *Science* ne s'acquiert que par l'étude, on a mis auprès d'elle l'oiſeau de Minerve. Le tems ne peut rien ſur elle, c'eſt ce qu'indique la guirlande de laurier, dont l'arbre eſt toujours verd. Autour de la *Science* ſont réunis les différens objets de ſes études.

SCULPTURE.

VIII

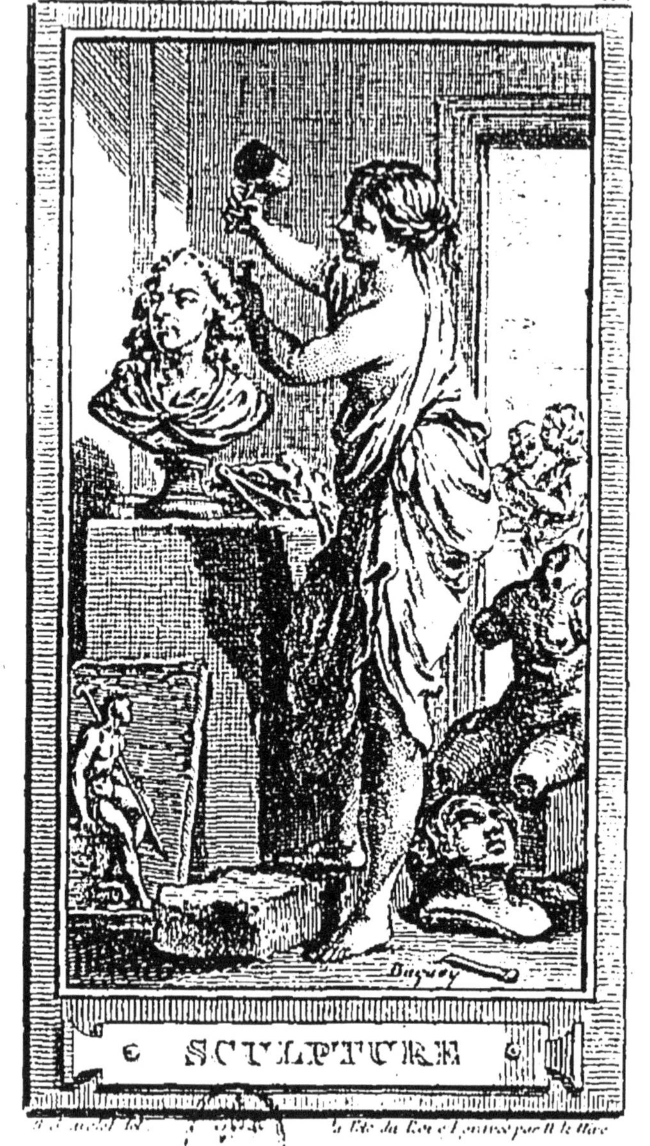

SCULPTURE.

La draperie légère dont cette figure est couverte, exprime l'aisance qu'elle doit avoir dans ses travaux. Le buste, dont la *Sculpture* est occupée, annonce que cet art est particulièrement destiné à perpétuer la mémoire des grands hommes, & sur-tout des bienfaiteurs de l'humanité. Les bas-reliefs, les rondes-bosses, & principalement le torse antique qu'on remarque autour de la *Sculpture*, sont les objets qui pouvoient le mieux caractériser les études relatives à cet art.

11

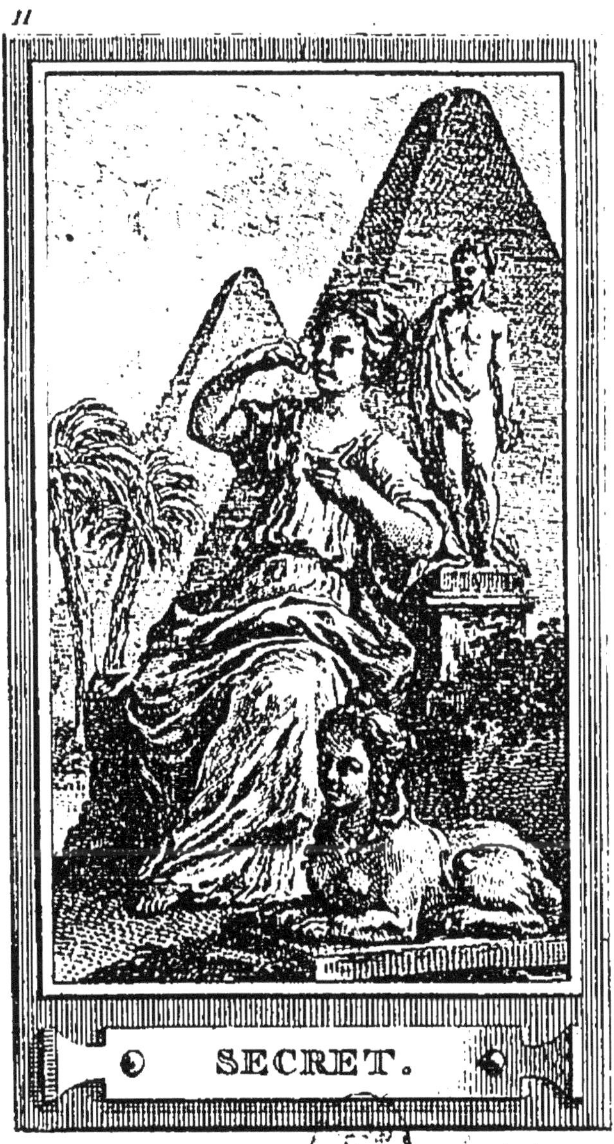

SECRET.

SECRET.

On a cru pouvoir représenter le *Secret* par une femme d'un maintien grave, qui pose un cachet sur ses lèvres, tandis que portant la main gauche sur son cœur, elle annonce que c'est là qu'elle renferme ce qui lui est confié. Près de la figure qui représente le *Secret* on voit celle d'Harpocrate, dieu du silence, tels que les Egyptiens le représentoient, un doigt sur sa bouche & tenant un cadenat de l'autre main. Chez les anciens le *Secret* étoit caractérisé par un Sphinx : Auguste avoit fait graver cette figure sur son cachet; c'est pourquoi le Sphinx est ici représenté sur le devant du tableau, dont le fond est occupé par les pyramide d'Egypte : allusion aux peuples chez lesquels la science des hiéroglyphes & des emblêmes a pris naissance.

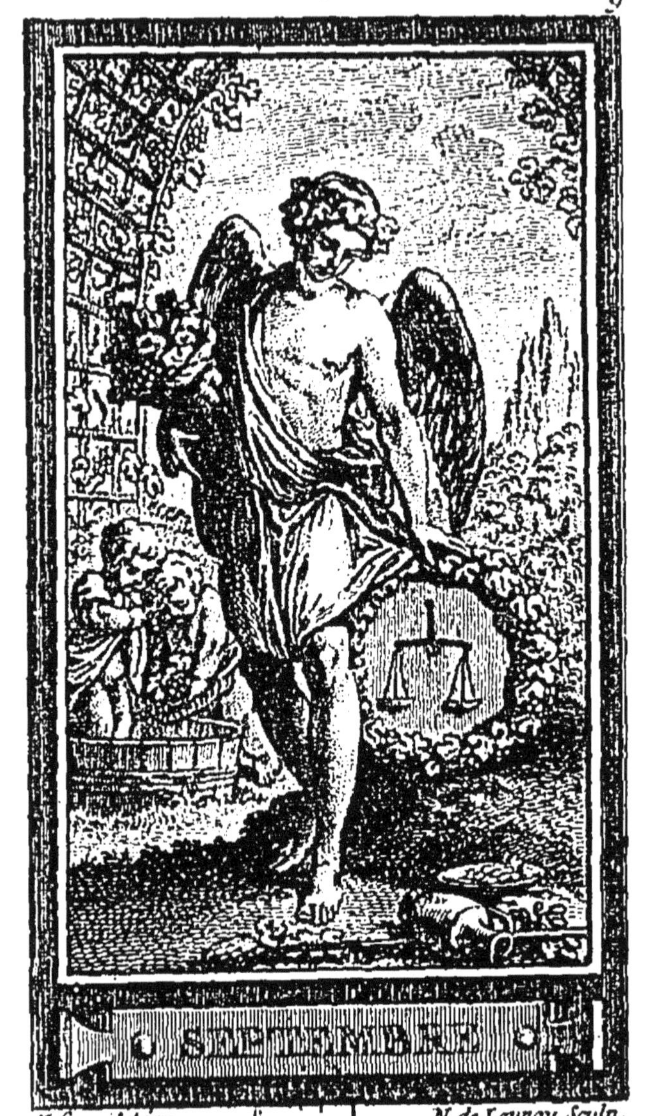

H. Gravelot inv. N. de Launay Sculp.

B.R.

SEPTEMBRE.

SON nom désigne qu'il étoit le septième de l'*année martiale*, ce qui a *subsisté jusqu'à* l'édit de Charles IX, en 1564. On peint ce mois sous la figure d'un jeune homme, le visage riant, vêtu de pourpre, tenant d'une main le signe de la balance, & de l'autre la corne d'Amalthée remplie de pêches & autres fruits qui murissent dans ce mois; il est habillé de pourpre, emblême de la liqueur produite par le raisin. Le signe de la balance est donné au mois de *Septembre*, parce qu'alors l'équinoxe d'automne ramène l'égal partage des heures entre le jour & la nuit. La couronne de pampres, ainsi que la guirlande qui entoure le signe, l'enfant qu'on voit fouler la vendange, la treille qui orne le fond du tableau, tout y caractérise la principale richesse de ce mois.

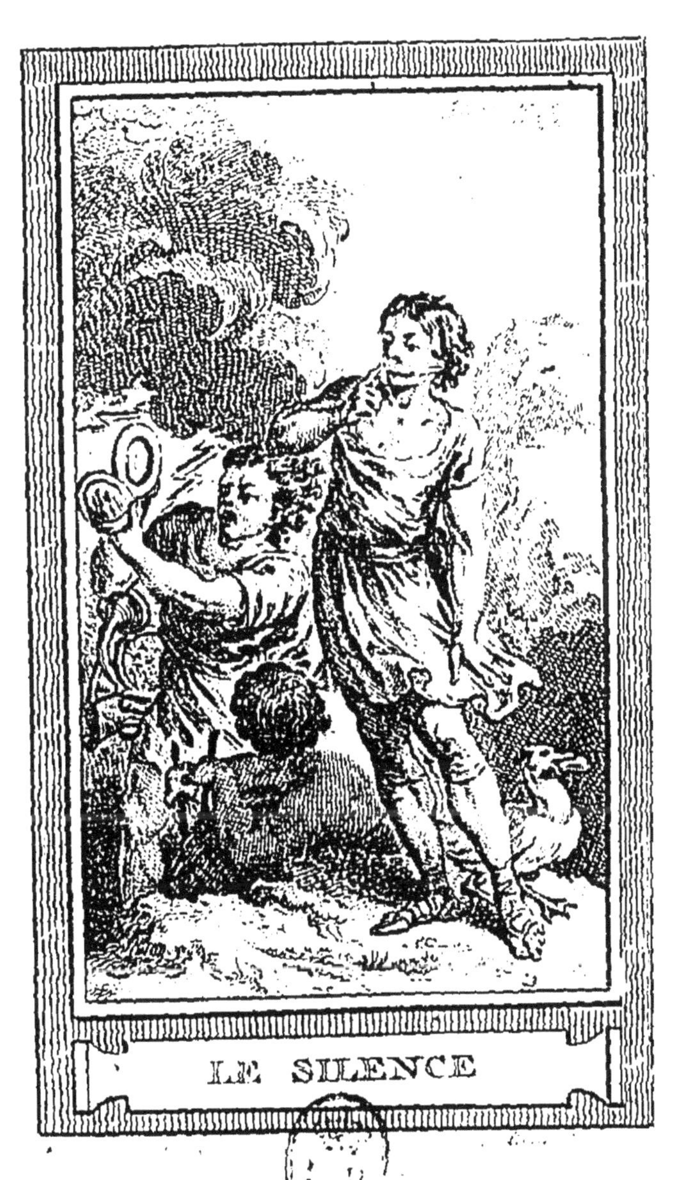

LE SILENCE

SILENCE.

Les Romains adoroient deux déeſſes ſous le nom du *Silence*, & les Grecs en avoient fait un dieu ſous le nom d'Harpocrate. Parmi les divers attributs donnés au *Silence*, le plus intelligible & celui qui le caractériſe le mieux, eſt un homme portant le doigt ſur la bouche, couverte d'un bandeau ; pour acceſſoire on a cru devoir conſerver l'emblême connu de l'oye, tenant une pierre dans ſon bec.

BRUIT.

La plupart des iconologiſtes, en parlant de cette figure, n'ont rien dit de ſatisfaiſant. L'emblême le plus clair pour repréſenter le *Bruit* eſt celui d'un homme dans l'action de courir, frappant des cymbales, entouré de tambours, de trompettes & de cors, qu'accompagne un coup de tonnerre.

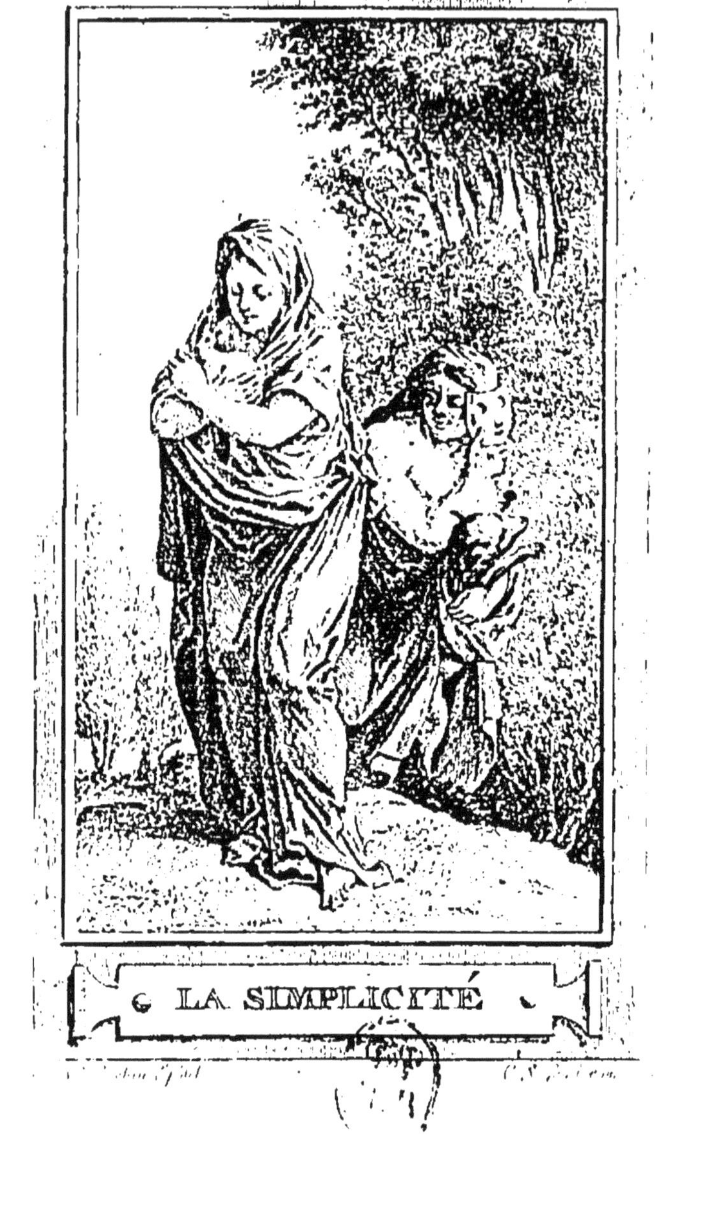

LA SIMPLICITÉ

SIMPLICITÉ.

L'EMBLÊME de la *Simplicité* eſt une jeune fille, vêtue de blanc & tenant une colombe ; l'ingénuité qu'on remarque dans ſes traits & dans ſon attitude, achève de la caractériſer.

RUSE.

ON peut repréſenter la *Ruſe* par une femme laide, tenant un beau maſque, & cachant un renard ſous ſes vêtemens ; on ſçait que le renard eſt le ſymbole de la *Ruſe* & de la fourberie.

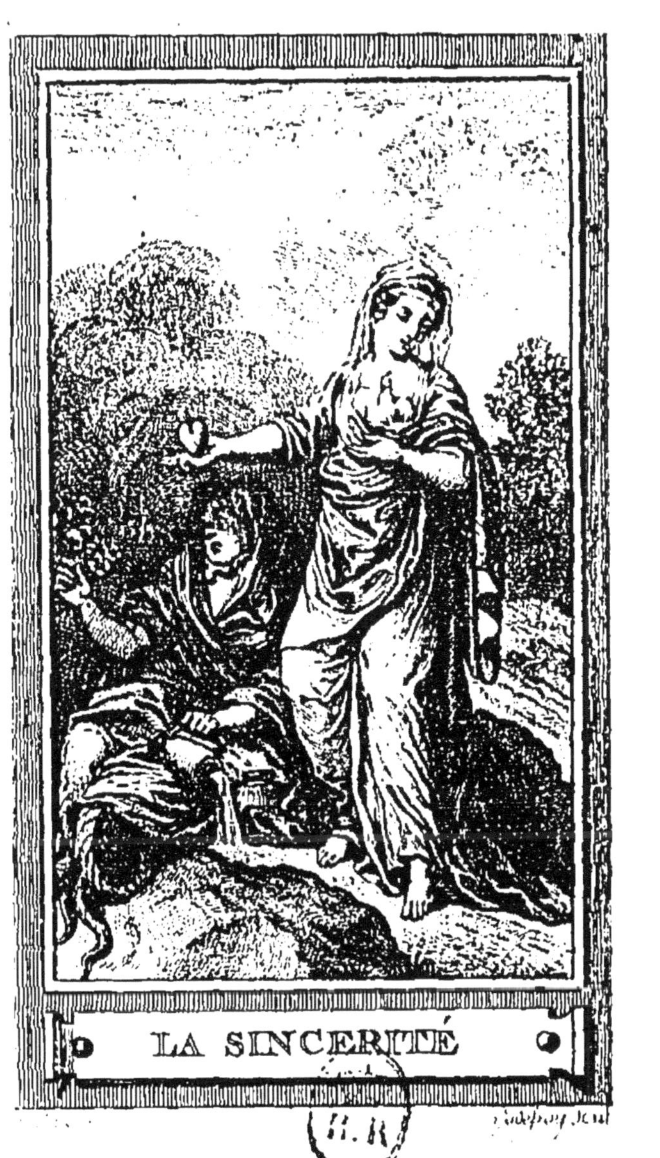

LA SINCERITÉ

H. R

SINCÉRITÉ.

TOUS les iconologistes s'accordent à représenter la *Sincérité* par une jeune femme vêtue de blanc, & dont les traits annoncent la candeur; elle tient un cœur sur la main & une colombe sur son sein.

TROMPERIE.

UNE femme ayant les traits du visage agréables, mais dont les jambes sont terminées en queues de serpent, tel est l'emblême sous lequel les anciens représentoient la *Tromperie*. On lui fait tenir de la main droite un bouquet, sous les fleurs duquel est caché une couleuvre, & de la main gauche un vase, d'où s'écoule de l'eau, tandis qu'elle en cache un autre rempli de feu. Ces divers attributs achèvent de caractériser la *Tromperie* & la Fraude.

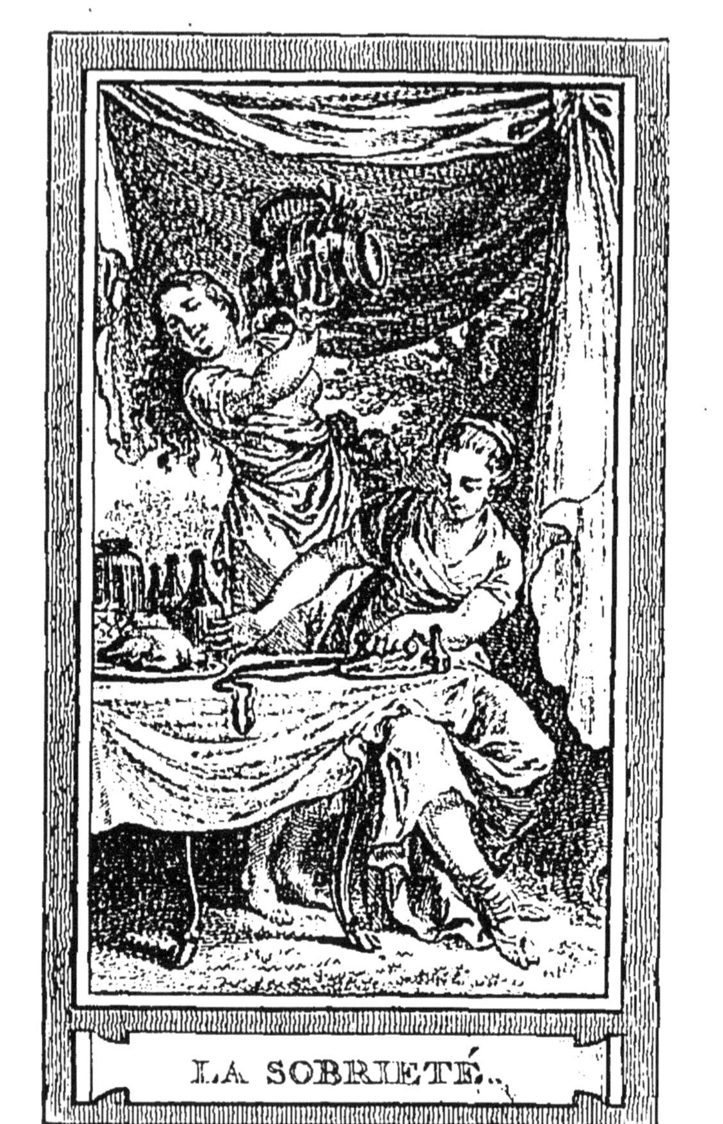

LA SOBRIETÉ.

SOBRIÉTÉ.

Pour peindre la *Sobriété* sous un emblême qui ne soit point équivoque, on peut représenter une jeune femme assise devant une table, tenant d'une main un mors de bride, symbole de la raison, & de l'autre repoussant plusieurs mets, ainsi que des vases de liqueurs; un petit plat & un petit flacon de vin sont auprès d'elle, la *Sobriété* ayant pour devise : *utor non abutor :* j'en use, mais je n'en abuse pas.

YVROGNERIE.

Vice honteux, opposé à la Sobriété. L'*Yvrognerie* sera caractérisé par une femme d'un âge un peu avancé, le teint très-animé, remplie d'embonpoint & tenant un grand vase rempli de vin ; elle rit, chante, & parait mal assurée dans sa démarche.

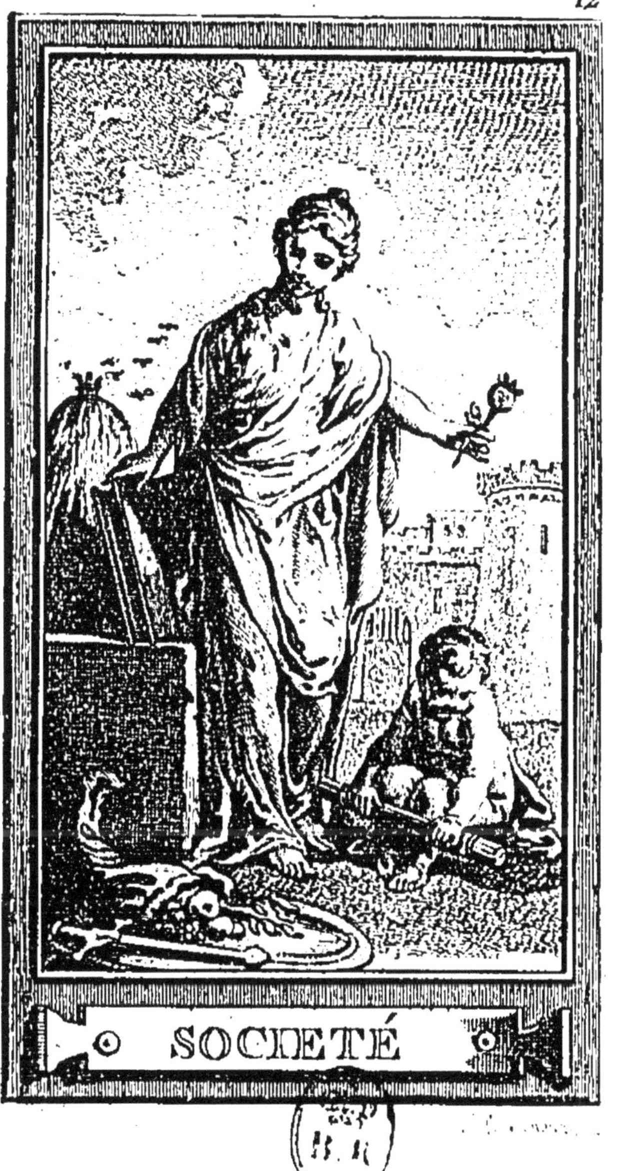
SOCIETÉ

SOCIÉTÉ.

Réunion des familles, mère des nations, la *Société* joint aux avantages qu'elle procure, celui de la sûreté & de la tranquillité publique ; c'est pourquoi on la représente par une femme tenant d'une main la grenade, symbole de l'union, & s'appuyant de l'autre sur le livre des loix. L'enfant qui paroît faire de vains efforts pour rompre un faisceau, exprime la force de l'union. C'est cette force, doublement désignée par le bouclier & l'épée, qui assure la paix & l'abondance, dont on voit les symboles grouppés auprès de la *Société*.

SOMMEIL.

Fils de la nuit & frère de la mort, dont il est l'image, le *Sommeil* est représenté par les iconologistes, sous la figure d'un jeune homme endormi, tenant une corne d'abondance d'où s'échappent, au milieu d'une vapeur légère, des figures bizares, allusion aux songes; quelquefois assis sur un trône d'ébène, la tête couronnée de pavots. Les poëtes peignent le dieu du *Sommeil* sous l'emblême d'un vieillard, avec les mêmes attributs; c'est en adoptant cette idée qu'on a cru devoir représenter le *Sommeil*, profondément endormi sur un lit jonché de pavots, sans trône, mais avec des aîles, parce qu'il préside aux songes.

MORPHÉE.

Ministre du sommeil, & le premier des songes auxquels il commande, *Morphée*, d'après Ovide, est celui qui possède le mieux l'art d'imiter le maintien, les traits & le

son

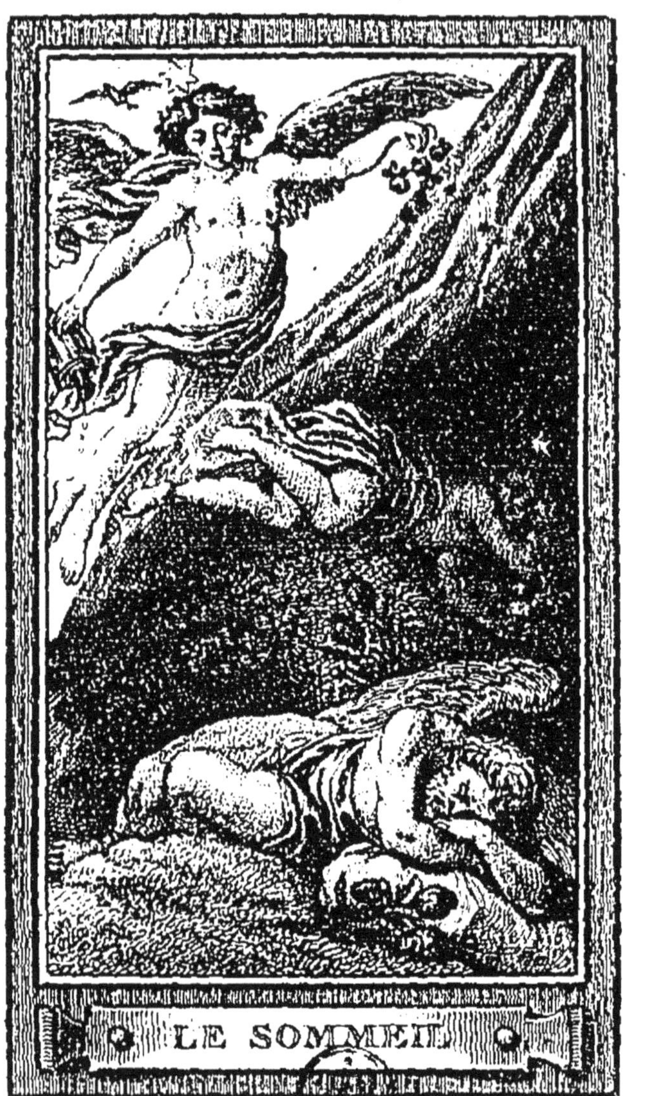
LE SOMMEIL

SOMMEIL.

Fils de la nuit & frère de la mort, dont il est l'image, le *Sommeil* est représenté par les iconologistes, sous la figure d'un jeune homme endormi, tenant une corne d'abondance d'où s'échappent, au milieu d'une vapeur légère, des figures bizares, allusion aux songes; quelquefois assis sur un trône d'ébène, la tête couronnée de pavots. Les poëtes peignent le dieu du *Sommeil* sous l'emblême d'un vieillard, avec les mêmes attributs; c'est en adoptant cette idée qu'on a cru devoir représenter le *Sommeil*, profondément endormi sur un lit jonché de pavots, sans trône, mais avec des ailes, parce qu'il préside aux songes.

MORPHÉE.

Ministre du sommeil, & le premier des songes auxquels il commande, *Morphée*, d'après Ovide, est celui qui possède le mieux l'art d'imiter le maintien, les traits & le

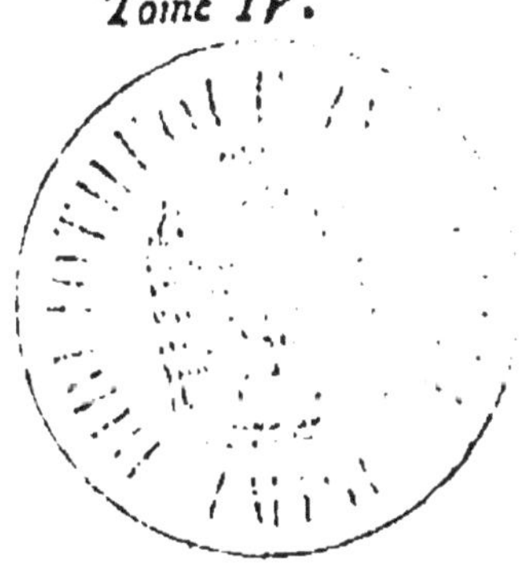

fon de la voix de ceux qu'il veut offrir à l'imagination pendant le fommeil. On repréfente *Morphée* fous la figure d'un jeune homme, actif, inquiet, tenant un bouquet de pavots, & ayant des ailes de papillon, fymbole de fon inconftance & de fa légéreté. C'eft en général fous cet emblême que les Songes doivent toujours être repréfentés.

AURORE.

NON comme amante de Céphale, mais comme divinité qui préfide à la naiffance du jour, on repréfente l'*Aurore* avec des ailes déployées & une étoile fur la tête; fon tein eft riant & vermeil; d'une main elle tient un flambeau, & de l'autre répand des rofes, allufion à la rofée bienfaifante qui raffraîchit la nature & vivifie les plantes au lever de l'*Aurore*.

MATIN.

ON le repréfente par un jeune homme ailé, planant dans les airs, & ayant une étoile fur la tête; il verse d'un vase des gouttes d'eau, symbole de la rosée, & près de lui voltige une hirondelle.

SOIR.

On le peint également sous la figure d'un jeune homme, mais ayant des ailes noires, tenant une chauve-souris, & fuyant sous les ailes de la nuit.

NUIT.

Déesse des ténèbres & du repos, la *Nuit* est représentée par une femme ayant des ailes de chauve-souris, couverte d'un voile, & déployant un vaste manteau noir semé d'étoiles. Lorsqu'on lui donne un char, il est traîné par deux chevaux noirs ou deux hiboux.

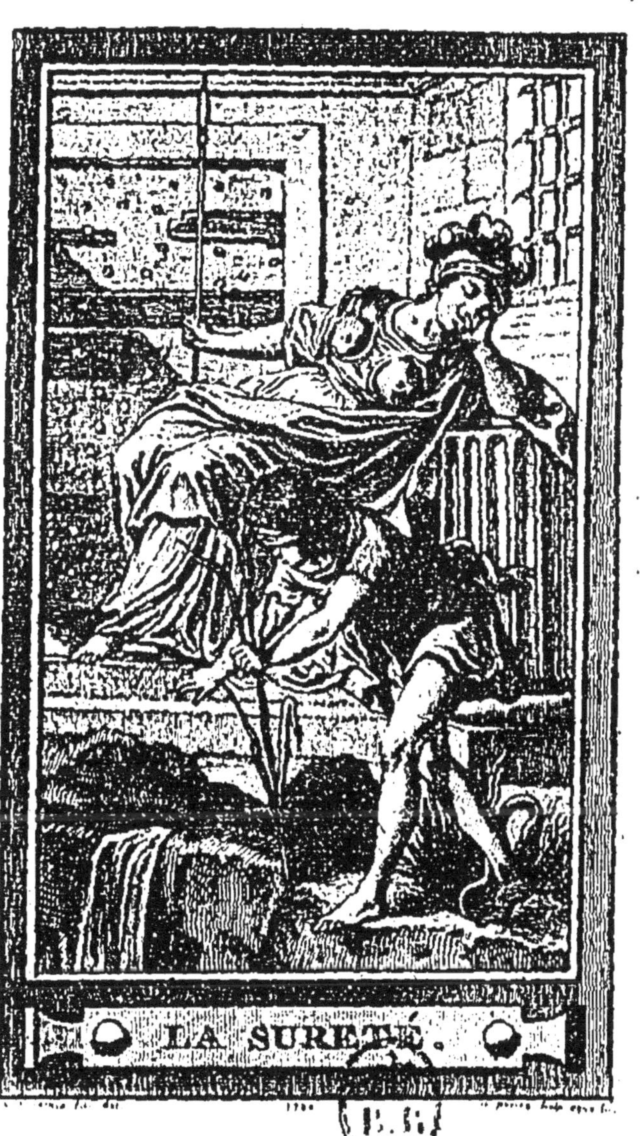

LA SURETÉ

SURETÉ.

En faiſant un choix des divers emblêmes donnés à la *Sûreté*, l'on a préféré celui qui a été conſacré par une médaille antique de Macrin; c'eſt une femme qui dort appuyée ſur une colonne, & qui tient une pique de la main droite.

PÉRIL.

On doit le repréſenter par un jeune homme appuyé ſur un foible roſeau, marchant ſur le bord d'un précipice, au bas duquel coule un torrent; un ſerpent caché ſous l'herbe s'élance pour le mordre. L'on pourroit ajouter auſſi le tonnerre, l'éclair & la foudre dirigés ſur le *Péril* qui le montreroient menacé de toutes parts.

DANGER.

Le *Danger* diffère du péril, en ce que le premier eſt moins apparent que le ſecond;

c'eſt pourquoi on ne doit pas repréſenter le *Danger* un bandeau ſur les yeux, mais le peindre marchant avec ſécurité ſur un pont qui s'écroule, ou près d'une maiſon qui menace de l'écraſer par ſa chûte.

FAVEUR.

Fille de la Fortune & auſſi inconſtante qu'elle, la *Faveur* éprouve les mêmes inquiétudes & redoute les mêmes dangers. Les Romains l'ont repréſenté ſous l'emblême d'un jeune homme, parce qu'en latin ſon nom *Favor* eſt maſculin. Je préférerois de peindre la *Faveur* ſous les traits d'une jeune femme, ayant les ailes déployées, un bandeau ſur les yeux & le pied poſé ſur une roue, ainſi que la Fortune, dont elle ſuit les traces. Le bandeau qu'on donne à la *Faveur* ſignifie qu'elle méconnoit ſes amis lorſqu'elle s'élève; qu'elle n'écoute que la flatterie, qu'on voit ſans ceſſe à ſes côtés; l'envie la ſuit de loin & médite ſa chûte dans le fleuve.

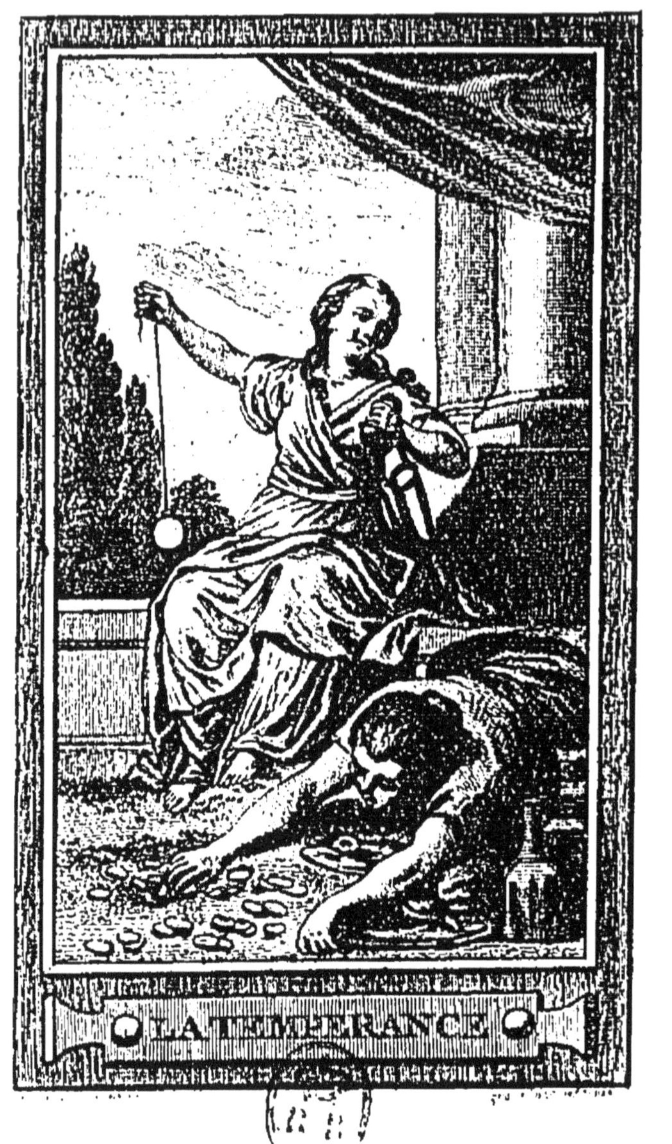
LA TEMPERANCE

TEMPÉRANCE.

Les ſymboles les plus intelligibles de la *Tempérance* nous ont parus devoir être exprimés par une femme vêtue ſimplement, tenant d'une main un mors de bride, & de l'autre le pendule d'un horloge. On peut donner, d'après la plupart des iconologiſtes, un éléphant pour ſymbole à la *Tempérance*, à cauſe de la ſobriété qu'on attribue à cet animal.

INTEMPÉRANCE.

On repréſente l'*Intempérance* par une femme avide, qui ſe jette ſur des viandes, des vins, des pièces d'or, enfin tout ce qui peut inſpirer des deſirs immodérés

AMBITION.

On ne parle point ici de cette Ambition louable, fille de l'émulation, qui fait naître le deſir de ſe diſtinguer dans la carrière des talens & du génie, mais cette ardeur inſatiable des honneurs & des dignités ; sous ce rapport *l'Ambition* est au moral ce que l'intempérance est au physique. On la représente sous la figure d'une femme coëffée de plumes de paon ; les pieds nuds désignent les fatigues qu'elle éprouve ; les ailes qu'on lui donne sont le symbole des efforts qu'elle fait pour s'élever sans cesse, & font encore allusion à celles d'Icare, dont elles rappellent la témérité & la chûte funeste. Derrière *l'Ambition* on apperçoit une mer agitée, emblême de l'inconstance des faveurs de la Fortune.

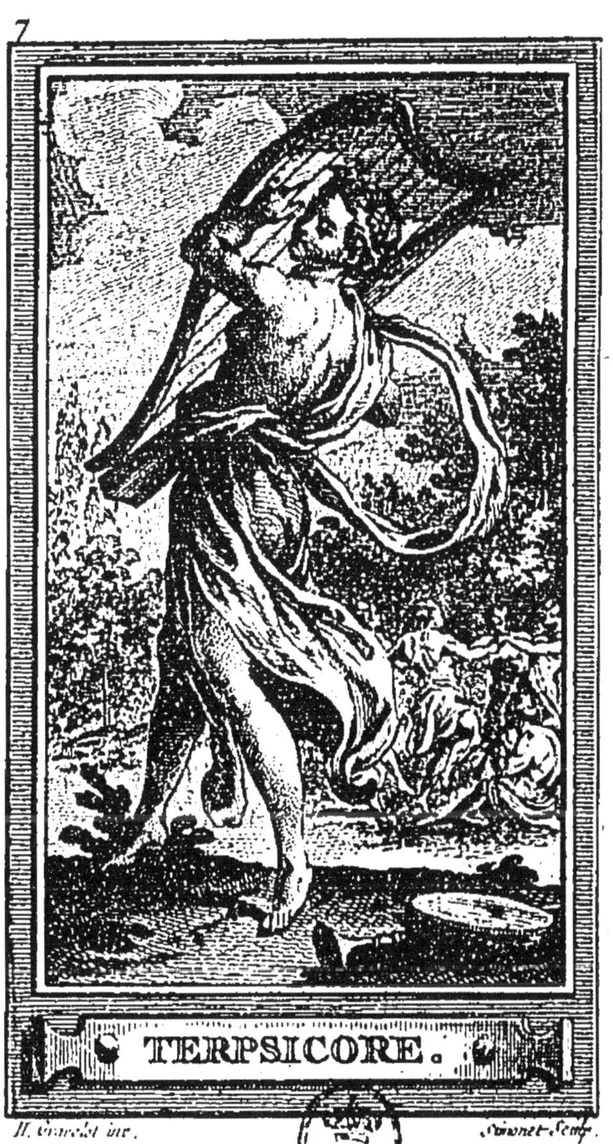

H. Gravelot inv. Simonet Sculp.

TERPSICHORE.

Muse de la danse & de la gaieté. On la représente sous les traits d'une jeune nymphe, vive, enjouée, couronnée de fleurs, & dans une attitude qui exprime la légéreté de ses mouvemens. Le tambour de basque, le haut-bois, ainsi que les danses légères qu'on apperçoit dans le fond du tableau, achèvent de caractériser *Terpsichore*.

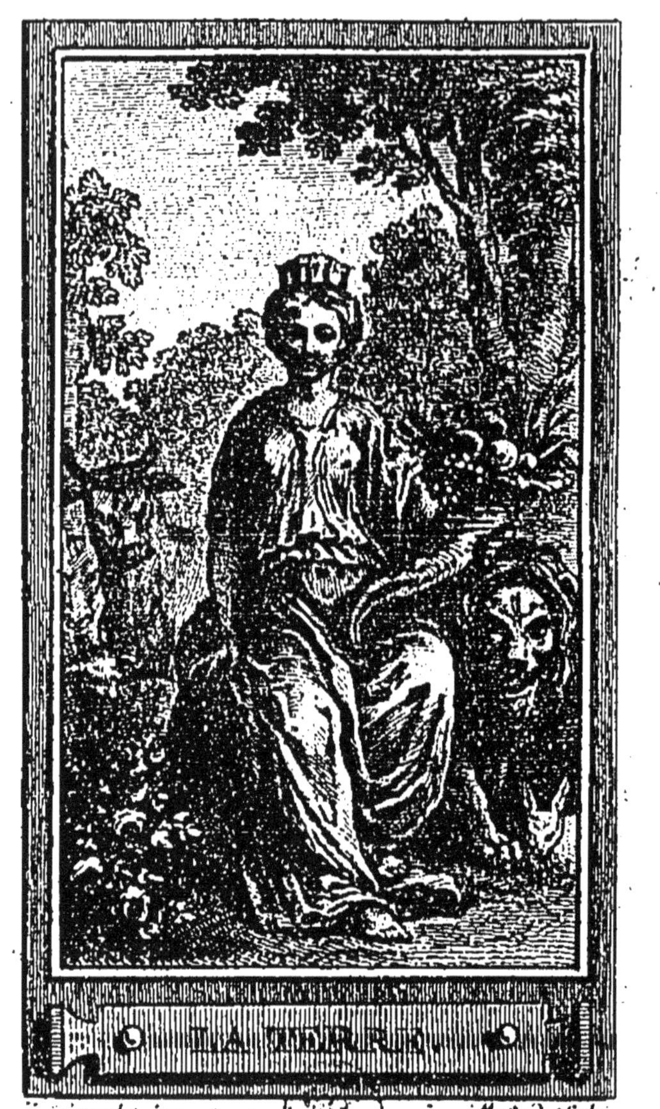

Gravelot inv. Massard sculp.

TERRE.

On repréfente la *Terre* fous les traits d'une femme couronnée de tours, elle tient une corne d'abondance chargée de fruits, fymbole de fa fertilité. La *Terre* eft affife fur un globe, allufion à fa forme fphérique; la couronne qu'elle porte eft l'emblême des villes qui couvrent la terre; c'eft celle qu'on donnoit à Cybèle, qui, dans la mythologie, eft prife elle même pour la *Terre*. Quelques iconologiftes la repréfentent avec une prodigieufe quantité de mammelles, emblême connu de fa fécondité; mais on a préféré de donner à la *Terre* les animaux qui ont des rapports plus marqués avec elle, tels que le bœuf, le mouton, &c. Le lion ne doit point être omis, on fait qu'il étoit confacré à Cybèle.

5

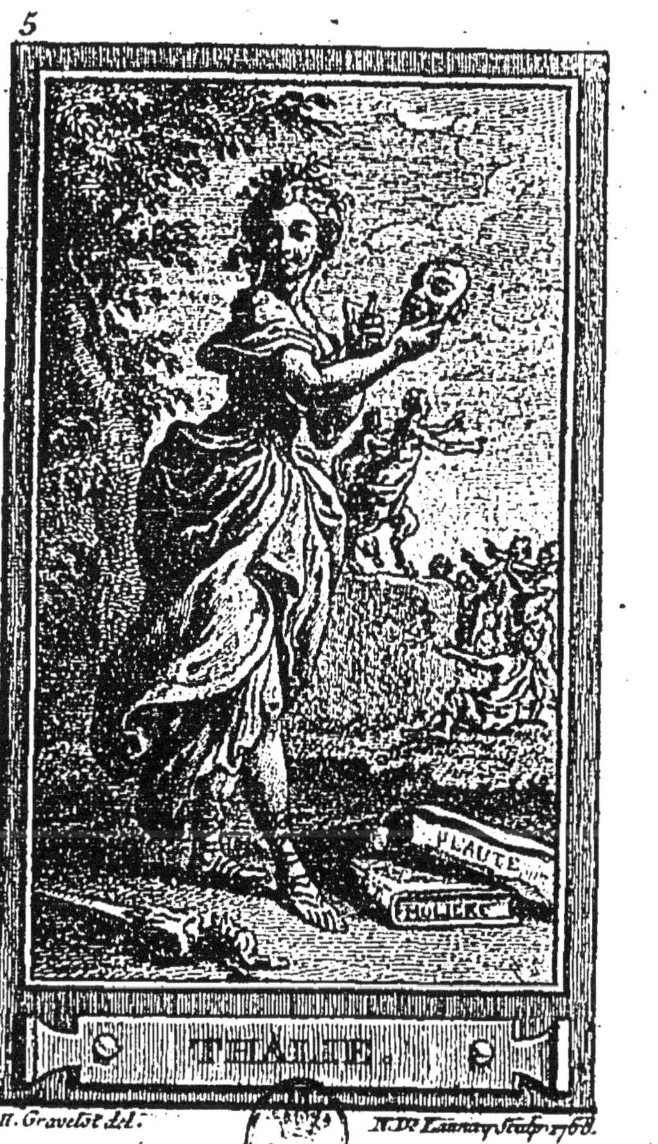

H. Gravelot del. N. De Launay Sculp. 1768.

THALIE.

Muse de la comédie; elle est représentée sous la figure d'une jeune fille, le visage riant, couronnée de lierre, tenant un masque & chaussée de brodequins. La marotte qu'on voit près d'elle annonce que la gaieté & la plaisanterie doivent caractériser les productions de cette muse. Aux pieds de *Thalie* on voit les noms des auteurs comiques les plus célèbres, écrits sur leurs ouvrages. Le masque & les brodequins sont les attributs de *Thalie*, parce que les anciens en faisoient usage sur leurs théâtres. L'Épisode qui termine le fond du tableau rappelle l'origine de la comédie.

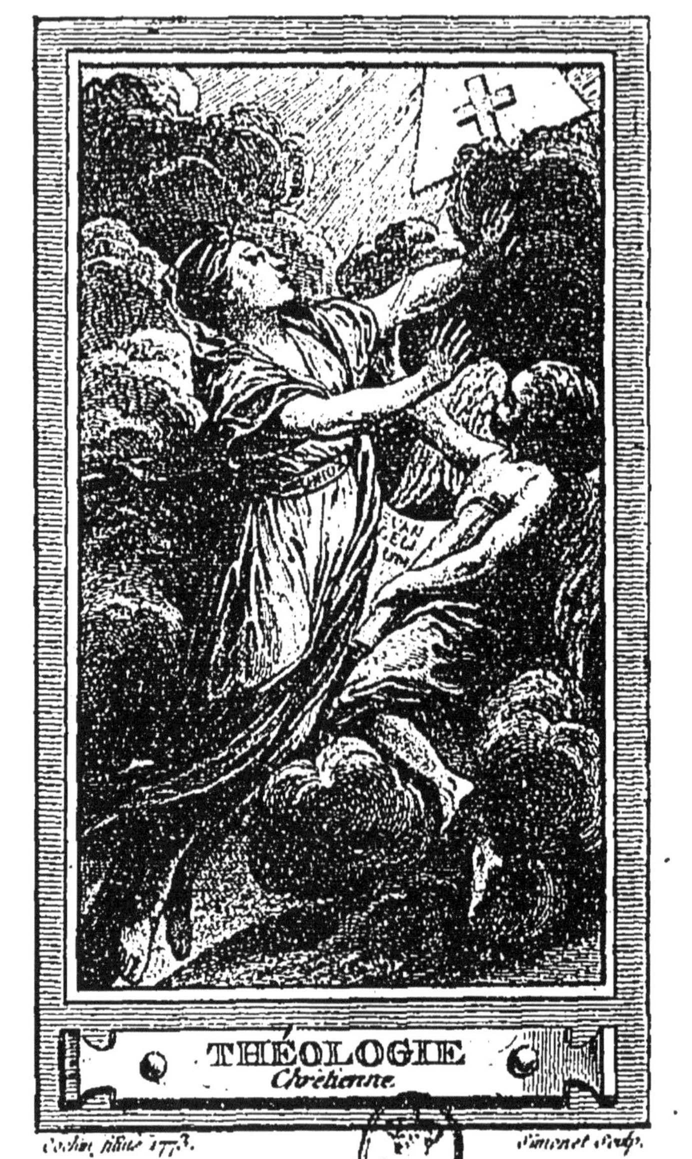

THÉOLOGIE
Chrétienne

Cochin filius 1773. *Simonet Sculp.*

B.R

THÉOLOGIE.

Science qui a pour objet la connoiſſance de dieu & la contemplation des myſtères révélés. Pour y parvenir, la *Théologie* quitte la terre, & ne cherche la lumière qui doit l'éclairer que dans un rayon de la gloire céleſte maſqué par des nuages ; la *Théologie* les écarte, & contemple avec tranſport le triangle, ſymbole de la trinité : la croix placée au milieu, déſigne le myſtère de la rédemption. Sur la ceinture de la *Théologie* eſt une plaque d'or, où eſt écrit *Theos*, pour marquer qu'elle ne s'occupe que de la divinité. Un ange tenant un rouleau, ſur lequel eſt écrit *Evangelium*, achève de caractériſer la *Théologie*.

SCHISME.

Presque toujours le *Schiſme* eſt produit par les diſputes théologiques & occaſionne des guerres de religion, les plus affreuſes de toutes;

c'eſt pour cela qu'on peint le *Schiſme* ſous l'emblême d'un jeune homme furieux, l'œil ardent de colère, tenant d'une main les ſerpens de la diſcorde, & de l'autre une torche enflammée qu'il ſecoue ſur ſon paſſage.

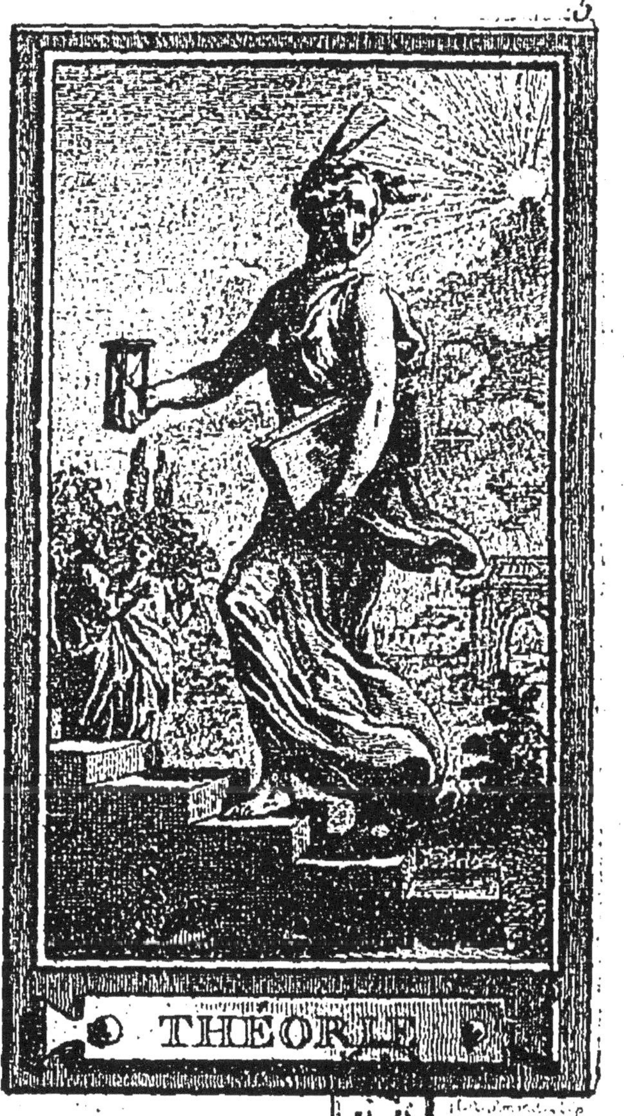

B.R

THÉORIE.

Dans les sciences comme dans les arts, la connoissance des principes est due à la *Théorie*; c'est en partant des notions les plus simples, et s'élevant, comme par degrés, qu'on parvient à l'intelligence de l'objet d'étude qu'on a choisi. D'après ce principe, on a représenté la *Théorie* par une femme qui monte les marches d'un escalier; elle tient une horloge de sable, pour désigner le tems qu'exige l'acquisition des connoissances. L'homme parvient à mesurer l'immensité par le secours de la *Théorie*; c'est pourquoi les iconologistes représentent toujours la *Théorie* avec un compas sur la tête. Les livres qu'elle porte, ainsi que les personnages qui, dans l'éloignement, paroissent converser ensemble, expriment l'avantage qui résulte du commerce des savans et de la lecture de leurs ouvrages.

CONSCIENCE.

La *Conscience* est à la morale ce que la théorie est aux arts, le principe et la base; aucun mortel ne peut étouffer la voix secrète de ce juge impartial et sevère, qui ne cesse de se faire entendre. On peint la *Conscience* sous l'emblême d'une femme austère, qui regarde attentivement un cœur placé sur sa main; sa robe blanche est fermée par une ceinture d'or, sur laquelle on lit ces deux mots : Οικεια Συνεσις, *la voix* ou *le cri de la Conscience*. La route qu'elle tient est semée de ronces et d'épines d'un côté, et de l'autre jonchée de fleurs : allusion aux plaisirs, aux douceurs, ainsi qu'aux peines et aux chagrins dont la vie est toujours accompagnée.

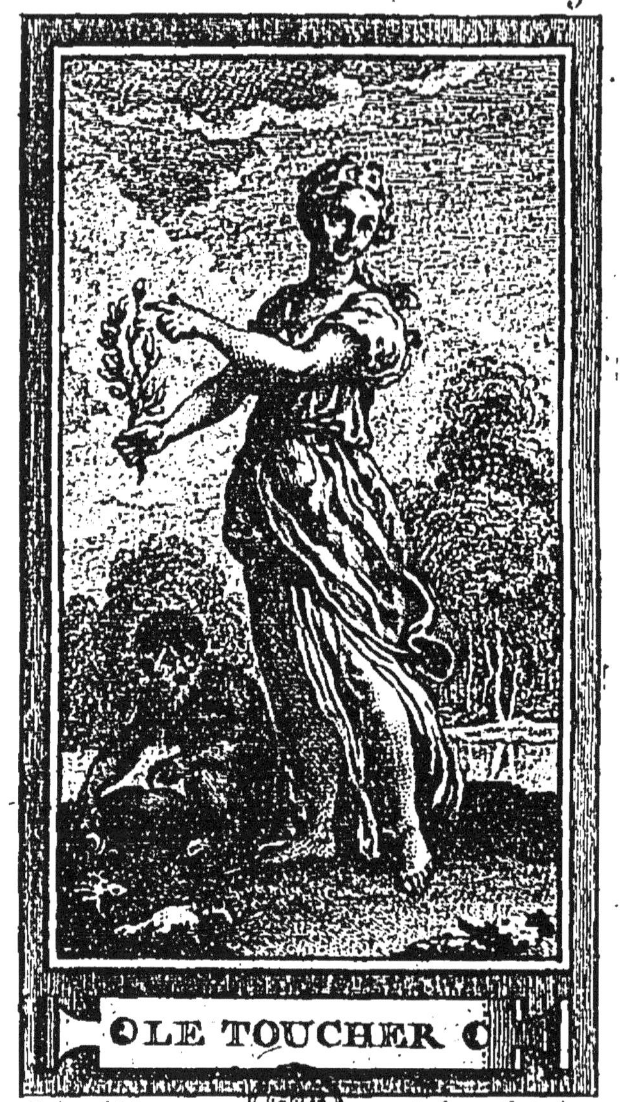

[illegible] inv. De Longueil Sculp.

TOUCHER.

Le plus universel de tous les sens, le moins sujet à l'erreur, et celui auquel se rapporte tous les autres, est le *Toucher*. C'est par lui que les qualités sensibles des substances se communiquent à l'entendement, telles que le froid, le chaud, le sec, l'humide, la mollesse, la dureté, la pesanteur ou la légèreté des corps, et le sentiment des objets doux, rudes ou piquans. Quoique la sensation du *Toucher* s'étende à tout le corps, c'est à la main que l'office en est particulièrement attribué; ce qui a fait adopter à quelques iconologistes le singe pour l'emblême de ce sens. On le représente par une jeune femme, tenant la plante nommée sensitive, qui, dès qu'on la touche, ferme ses feuilles et paroit se replier sur elle-même. Différens animaux accompagnent la figure du *Toucher*, tels que le limaçon et le singe; on peut y ajouter encore l'hermine et le hérisson, ces deux derniers produisant les deux extrêmes au sens du *Toucher*.

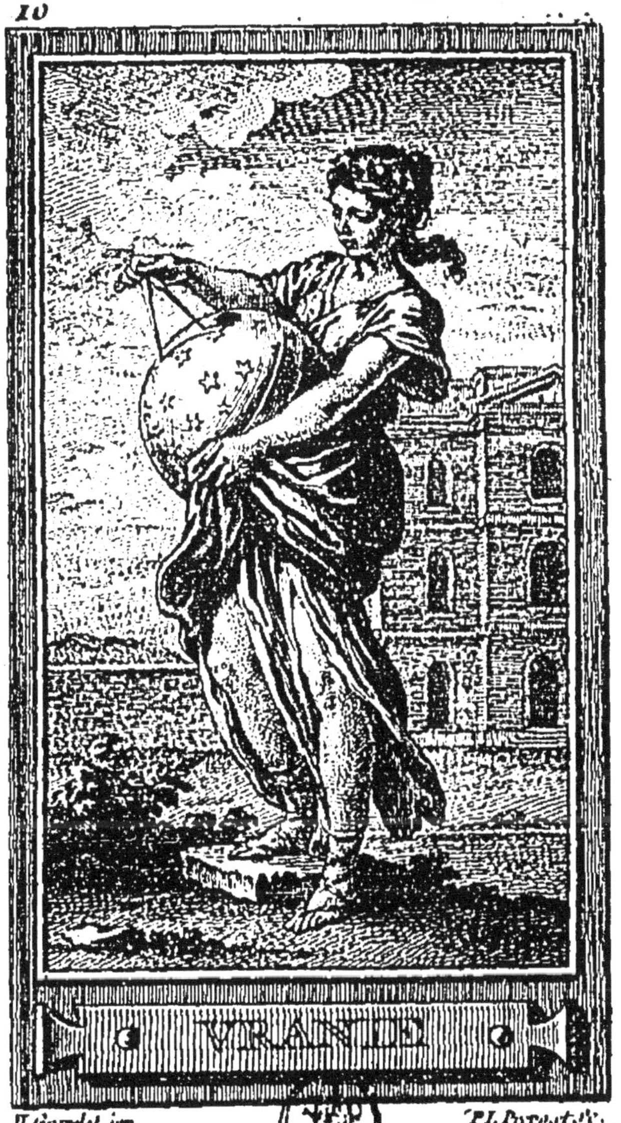

H. Gravelot inv. P.L. Prevost Sc.

B.R

URANIE.

Le nom de cette muse, tiré du grec Ουρανος, annonce qu'elle préside à l'astronomie. Dans les peintures antiques, trouvées en 1755 au pied du mont Vésuve, *Uranie* est représentée tenant d'une main une baguette avec laquelle elle démontre ce qui est tracé sur un globe céleste, qu'elle tient de l'autre main; mais on a préféré de représenter cette muse avec les attributs que l'usage a consacrés; une couronne d'étoiles sur la tête, vêtue d'une robe couleur d'azur, et soutenant le globe céleste qu'elle mesure avec un compas. Dans le fond du tableau l'on apperçoit un bâtiment destiné aux observations astronomiques.

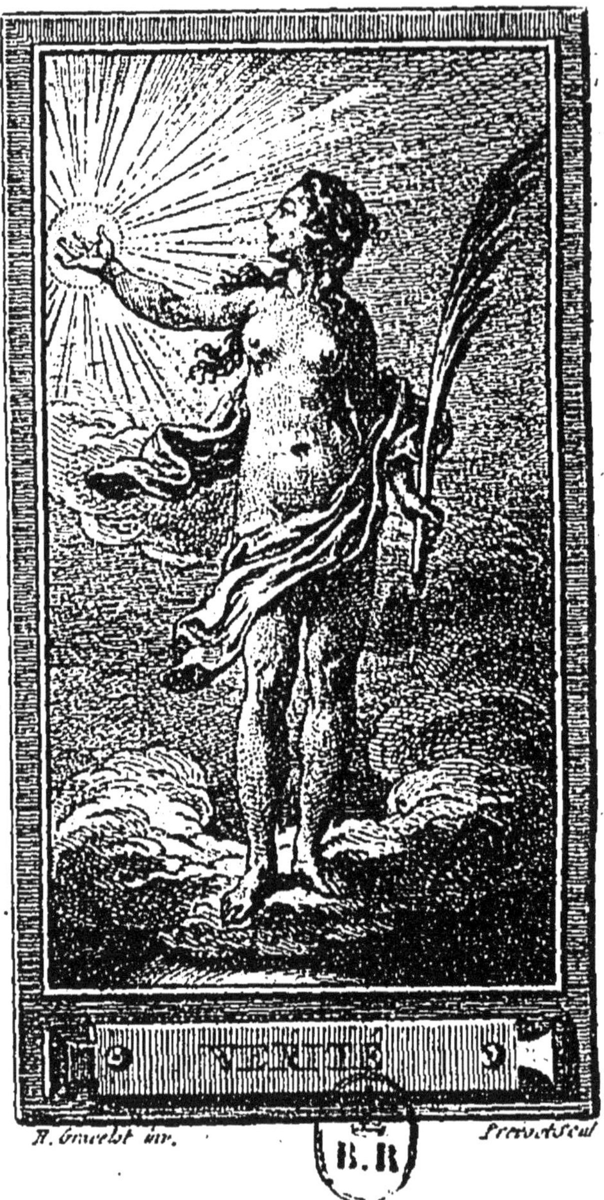

H. Gravelot inv. *Prevost sculp*

B.R

VÉRITÉ.

CETTE vertu céleste se représente nue, parce qu'elle n'a besoin d'aucun ornement. La clarté qui lui est propre peut se comparer à celle du soleil qu'on lui donne pour emblême, et sa force à celle de la palme qu'on peut plier, mais qui se relève d'elle-même. La *Vérité* écarte les nuages qui l'environnent et s'élève au-dessus de la terre, qui est trop souvent le séjour de l'erreur.

FABLE.

FILLE du Sommeil et de la Nuit, la *Fable* est une fiction ingénieuse qui renferme une leçon utile; c'est pourquoi dans la mythologie l'on feint qu'elle épousa le mensonge : non ce vice dangereux qui trahit la vérité, mais le riant apologue. On peut représenter la *Fable* sous la figure d'une jeune femme, richement vêtue, coëffée de plumes de paon, et le visage couvert d'un masque ; on pourroit encore lui couvrir la tête du voile de l'allégorie, et lui faire tenir un masque.

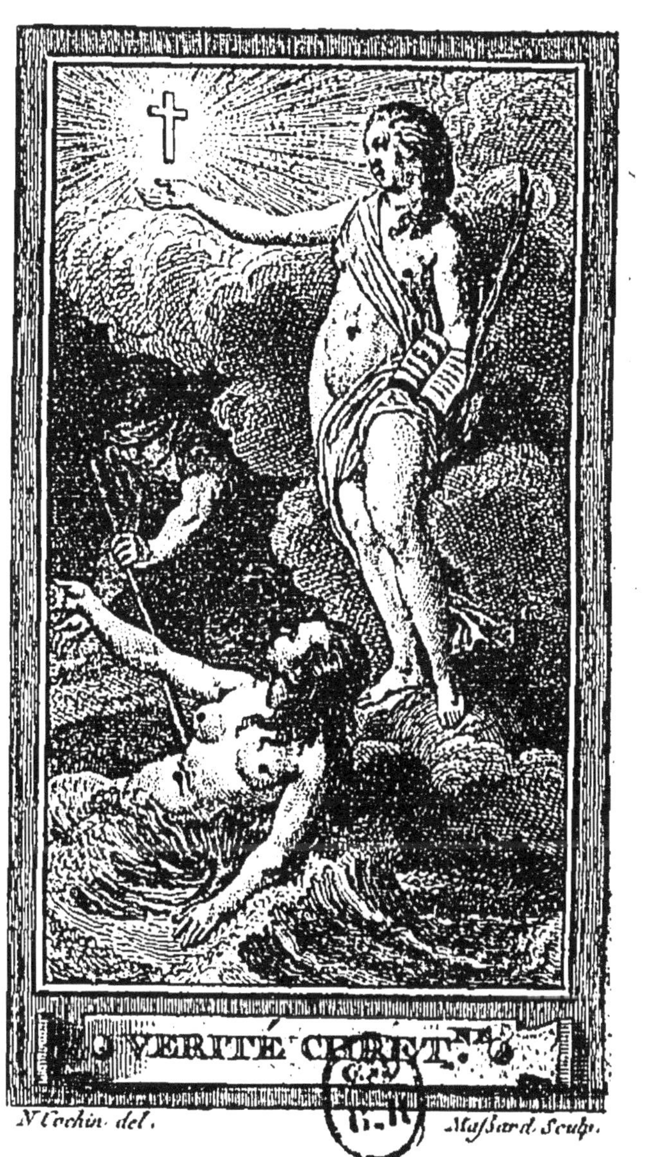

LA VERITÉ CHRET.NE 8

N. Cochin del. Massard Sculp.

R.F.

VÉRITÉ CHRÉTIENNE.

Les iconologistes n'ont point parlé de cette figure allégorique; mais on a cru pouvoir représenter la *Vérité chrétienne* par une femme tenant à la main le livre de l'évangile avec une palme; la palme est celle du martyre, attribut consacré aux fidèles qui sont morts pour la défense de la religion, dont les vérités sont contenues dans l'évangile. La *Vérité chrétienne* foule aux pieds le globe du monde, et porte avec confiance ses regards sur une croix rayonnante qui dissipe les nuages sous lesquels se cache l'Erreur, qu'on apperçoit dans l'obscurité.

AME.

Une des vérités les plus consolantes de la religion chrétienne est l'immortalité de l'*Ame*; dogme qui n'a point cependant été méconnu de l'antiquité. On sait que les Grecs représentoient l'*Ame* sous le symbole de Psyché, mot qui dans leur langue signifie le principe de la vie ; ils donnoient à cette figure des aîles de papillon. La fable intéressante de Psyché, sans cesse en proie aux disgraces, aux malheurs, aux tourmens qui la poursuivent, fait allusion aux passions qui nous tyrannisent, et est une des plus ingénieuses fictions de la mythologie. Souvent pour désigner l'*Ame*, les anciens se bornoient à représenter un papillon ; sur plusieurs monumens antiques on remarque cet insecte léger sortant de la bouche d'un mourant. Les artistes modernes peignent l'*Ame* sous l'emblême d'une jeune personne, sans autre vêtement qu'un long voile transparent qui l'enveloppe toute entière, pour indiquer la substance invisible de l'*Ame* ; on lui donne de longues aîles, mais qui ne se déploient qu'au moment de sa séparation d'avec le corps. Lorsqu'on veut représenter l'*Ame* heureuse, prête à jouir de la félicité éternelle, alors dégagée du voile qui la couvroit, elle joint les mains, ou étend les bras vers le ciel qu'elle contemple, et s'élance avec rapidité dans le séjour de la gloire.

MORALE.

Les mœurs sont aux loix ce que la conscience est à la religion ; elles en forment le complément et pourroient seules y suppléer. C'est la *Morale* qui dicte aux hommes de toutes les religions, dans tous les temps et dans tous les climats : *Fais à autrui ce que tu voudrois qu'il te fit.* On représente la *Morale* sous les traits d'une femme austère, tenant d'une main un mors de bride, et de l'autre une règle, pour exprimer que la *Morale* doit toujours guider notre conduite et mettre un frein à nos passions. On peut ajouter auprès de cette figure l'oiseau de Minerve, symbole de la prudence, et des rouleaux sur lesquels on lira les noms de Platon, Sénèque et autres philosophes qui ont écrit sur la *Morale*.

ERREUR.

On désigne l'*Erreur* par une femme jeune, qui a les yeux bandés et marche dans les ténèbres, appuyée sur un bâton. Ces divers symboles n'ont pas besoin d'explication; on observera seulement que le bâton, sur lequel s'appuie l'*Erreur*, signifie qu'on ne doit pas toujours s'en rapporter au témoignage de ses sens.

FAUSSETÉ.

Caractère qui consiste à feindre des sentimens qu'on n'a pas. Plusieurs iconologistes donnent un masque ou un filet à la *Fausseté*; mais la sirène nous a paru le symbole le plus expressif.

MENSONGE.

On peut représenter le *Mensonge* par un jeune homme tenant un masque et foulant aux pieds le miroir de la vérité.

POLITIQUE.

Partie de la morale, art de gouverner les états, de faire respecter les loix, les propriétes, de protéger les mœurs, encourager les talens, récompenser les vertus. La sage *Politique* consiste moins à faire des conquêtes qu'à rendre les peuples heureux ; sous ce rapport on la représente sous les traits d'une belle femme, dont la contenance est noble et assurée ; elle s'appuie sur un gouvernail, qu'on voit entouré des symboles de la sagesse, de la force et de la prudence ; pose une main sur l'autel de la patrie, et de l'autre écarte les emblêmes des vices qui s'opposent à la félicité publique, indiquée par la corne d'abondance. Derrière l'autel est une pyramide où sont suspendus les portraits des bienfaiteurs de l'humanité.

Lorsque la *Politique* est prise en mauvaise part, on la peint sous l'emblême d'une femme voilée, couverte d'un long manteau, sous lequel on apperçoit les attributs de la fausseté, de la dissimulation, de la perfidie, tandis qu'elle affecte de montrer ceux de la sincérité, de la franchise, de la bonne foi, placés sur un nuage. Auprès de cette *Politique* astucieuse sont des filets, des piéges cachés sous des fleurs, avec des rouleaux sur lesquels on lit le nom de Machiavel, et cette devise connue : *Qui nescit dissimulare, nescit regnare.* On ne doit point oublier de faire marcher la fausse *Politique* dans l'ombre, ou dans un sentier tortueux.

ÉGALITÉ.

Aux yeux de la religion et de la loi tous les hommes sont égaux ; telle est la base de l'*Egalité* morale ; mais en politique l'*Egalité* sociale est une chimère, parce que la nature, prodigue envers les uns, avare envers les autres, fait sans cesse disparoître cette *Egalité*, qui n'existe réellement qu'à deux époques, à la naissance de l'homme et à sa mort. Les anciens iconologistes représentent l'*Egalité* sous l'emblême d'une jeune femme vêtue avec autant de modestie que de simplicité, tenant d'une main des balances en équilibre, et de l'autre un nid d'hirondelles. Aux balances, qui peuvent faire équivoque avec celles de Thémis, les artistes modernes substituent le niveau, symbole plus expressif et qui caractérise mieux l'*Egalité*.

VIGILANCE.

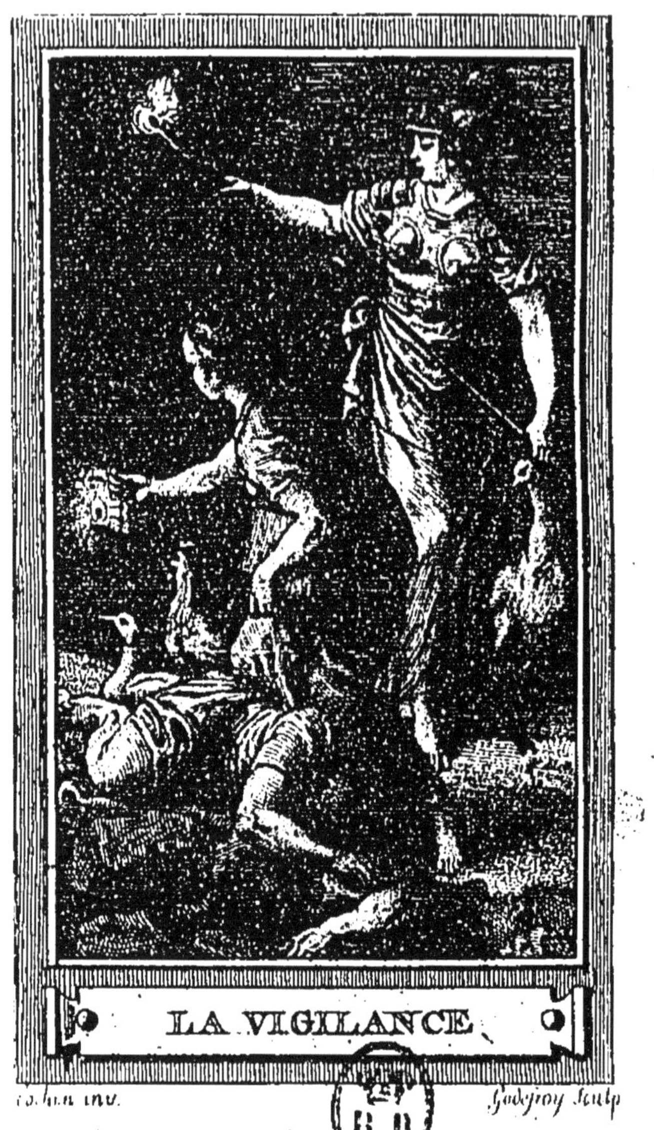

LA VIGILANCE

Cochin inv. Godefroy Sculp

B.R

VIGILANCE.

L'EMBLÊME de la *Vigilance* eſt une femme, dans l'attitude de marcher, tenant ſous le bras un livre, & de la main droite une lampe allumée. Le coq eſt ſon attribut particulier; les iconologiſtes y joignent l'oye, comme ſymbole de la *Vigilance*, parce que ce ſont les oyes qui, par leurs cris, ſauvèrent le Capitole.

COMMERCE.

LA vigilance eſt l'ame du *Commerce*, c'eſt pourquoi les anciens le déſignent ſous l'emblême de Mercure, tenant une bourſe : peut-être à cauſe des ailes que cette divinité porte aux talons & ſur ſon pétaſe. Pour déſigner plus clairement le *Commerce* on peut ajouter auprès de Mercure des ballots de marchandiſes, un ancre, une bouſſole, & dans le fond une mer avec des vaiſſeaux à la voile.

VIGILANCE DANS LE PÉRIL.

On la repréfente par une femme armée d'une lance, le cafque en tête & revêtue d'une cuiraffe ; attentive au moindre bruit, elle marche en filence dans les ténèbres à la lueur d'un flambeau, tandis que l'*Infouciance* coupable s'endort fur le bord du précipice. Les iconologiftes donnent pour attribut à la *Vigilance* dans le péril une grue qui, dans une de fes pattes, tient une pierre, parce que, dit-on, lorfque les grues dorment, il y en a toujours une dans cette pofition, & fi elle ne peut réfifter au fommeil, la pierre qu'elle laiffe tomber la réveille & avertit les autres.

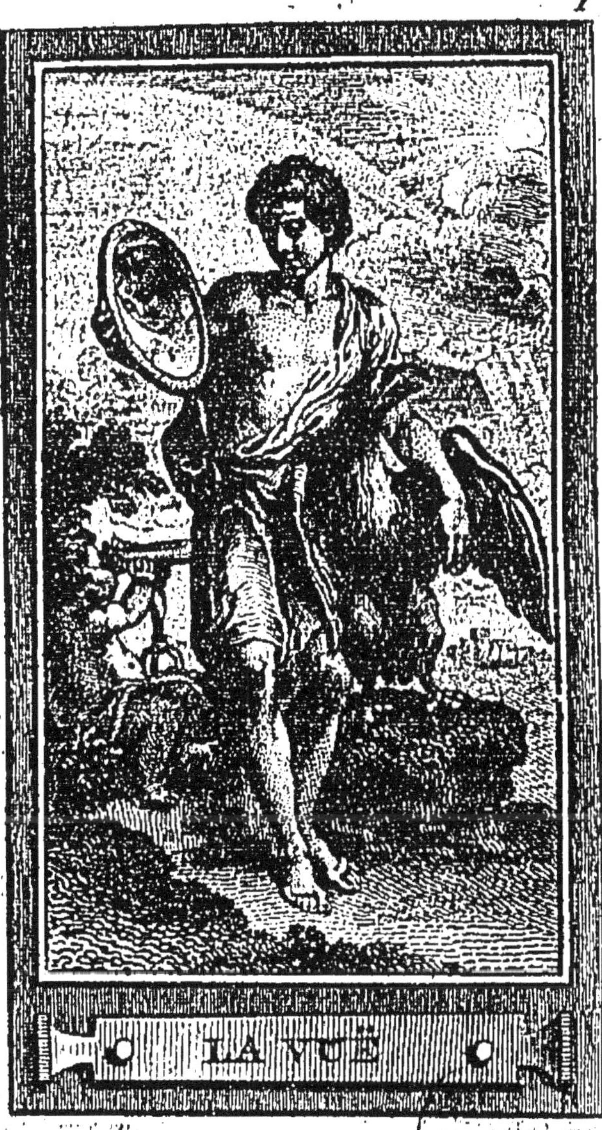

B.R

VUE.

C'est aux ſens que nous devons nos idées; c'eſt par eux que nous acquérons des connoiſſances; cela eſt démontré par la privation d'un ſens qui entraîne celle des perceptions qui lui appartiennent; un aveugle-né ne pourroit avoir aucune notion des couleurs. La *Vue*, le premier des ſens, ſe repréſente par un jeune homme qui d'une main tient un miroir, & de l'autre un aigle dans l'action de fixer le ſoleil. Le miroir eſt le ſymbole qui convient le mieux à l'organe de la *Vue*, parce que l'œil eſt une eſpèce de miroir où les objets extérieurs viennent ſe réfléchir. L'aigle, diſtingué entre les animaux par la faculté qu'ont ſes regards de ſoutenir l'éclat du ſoleil, ſignifie que c'eſt par ce ſens que nous pouvons connoître & admirer les merveilles de la nature, auſſi variées que le ſont les différentes couleurs dont l'arc-en ciel ſe peint à nos yeux. L'art qui sait aider à ce sens selon nos besoins, est exprimé par le télescope duquel un enfant paroît s'occuper. Enfin il étoit naturel que le soleil parût dans ce tableau, parce que sans sa lumière la *Vue* seroit un sens inutile & superflu.

On a cru devoir substituer un aigle à l'épervier, que les Egyptiens prenoient pour le symbole du sens de la *Vue*. On pourroit encore, au lieu d'un jeune homme, employer l'embléme d'une jeune femme, avec les mêmes attributs qu'on vient d'indiquer, pour représenter le sens de la *Vue*.

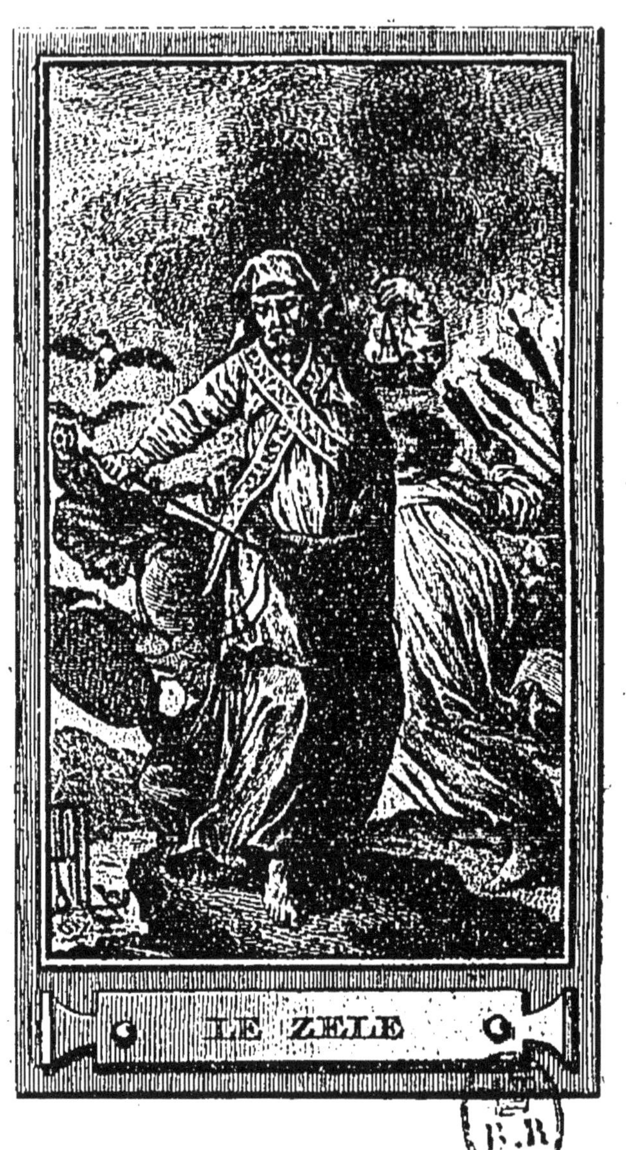

LE ZELE

B.R

ZÈLE.

VERTU qui donne le courage & l'activité nécessaire pour se distinguer dans la carrière qu'on a choisie, ou pour remplir ses devoirs envers la religion & l'humanité; sous le premier rapport on peut consulter l'article *Émulation*. Si l'on considère le *Zèle* relativement aux droits à remplir envers l'humanité, on le trouvera peint sous les emblêmes de la bienfaisance & de l'hospitalité; mais lorsqu'on envisage le *Zèle* sous le rapport de la religion, on le représente ordinairement sous la figure d'un vieillard austère, revêtu d'une étole, tenant d'une main une lampe allumée & de l'autre une discipline, symboles du véritable *Zèle*, qui doit être autant éclairé que sévère.

SUPERSTITION.

CE vice n'est pas seulement relatif aux erreurs populaires qui déshonorent la religion, mais encore à toutes les croyances ridicules que l'expérience & la raison désavouent ; c'est pourquoi les iconologistes représentent la *Superstition* sous l'emblême d'une vieille femme ayant une chouette sur sa tête & un corbeau sur ses genoux, animaux que les superstitieux croyent être de mauvais présage. Le lièvre, symbole de la crainte, pourroit encore être donné à la *Superstition*, parce qu'il l'accompagne toujours, mais on a préféré de lui faire tenir un tableau où sont tracés des étoiles, parce que les superstitieux croyent les influences des astres dangereuses ou favorables. Le vol des oiseaux & les poulets sacrés, qui étoient consultés par les augures, achèvent de caractériser la *Superstition*.

FANATISME.

VOLTAIRE a très-bien défini le *Fanatisme* :

Enfant dénaturé de la religion.

Il est produit par un zèle aveugle, d'autant plus dangereux qu'il croit servir le ciel en commettant les crimes les plus atroces. On peut représenter le *Fanatisme* par un jeune homme en proie à la fureur, les cheveux hérissés, le regard farouche, revêtu d'habits consacrés à la religion, tenant d'une main un poignard & de l'autre un flambeau. Une troupe d'hommes, armés de piques & de torches ardentes, se précipitent sur les pas du *Fanatisme*, pour répandre le ravage & l'incendie. On pourroit ajouter, dans le fond du tableau, des fourches patibulaires, des bûchers allumés & autres instrumens de supplices, que le *Fanatisme* emploie pour assouvir ses vengeances.

UNION.

Autant le fanatisme détruit tous les liens de la société, autant l'*Union* cherche à les resserrer par la tolérance. On connoit le trait de Scilurus, roi des Scythes, rapporté par Plutarque; ce prince voulant donner à ses enfans une leçon frappante des avantages de l'*Union*, essaya de leur faire rompre un faiſceau de baguettes réunies ; c'eſt toujours par cet emblême qu'on repréſente l'*Union*, ſous la figure d'une jeune femme, qui fait de vains efforts pour briſer un faiſceau. La grenade eſt encore donnée pour emblême à l'*Union* ; mais celui du faiſceau, que l'inimitable Lafontaine a pris pour le ſujet d'une de ſes fables, eſt infiniment plus clair, plus expreſſif & plus pittoreſque.

FIN.

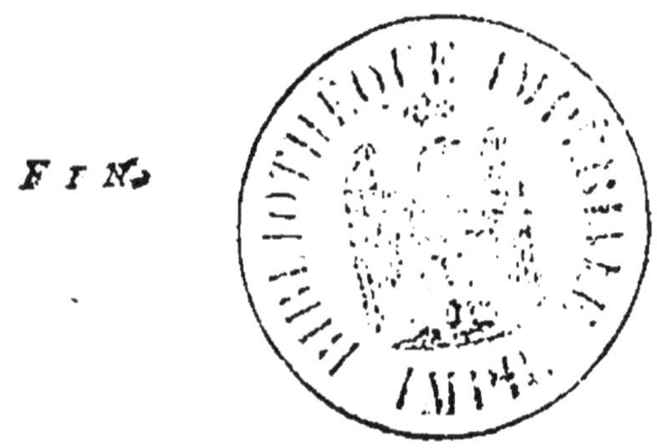

PARIS, de l'Imprimerie de CLOUSIER, rue de Sorbonne.

TABLE DES ARTICLES
DU QUATRIÈME VOLUME.

A.

B.

C.

H.

I.

L.

M.

R.

S.

T.

U.

V.

Y.

Z.

TABLE GÉNÉRALE.

A.

B.

C.

D.

H.

Octobre,

R.

S.

U.

V.

Z.

BIBLIOTHÈQUE ROYALE

www.ingramcontent.com/pod-product-compliance
Ingram Content Group UK Ltd.
Pitfield, Milton Keynes, MK11 3LW, UK
UKHW021044220726
13924UKWH00005B/2004